PRESENTADO A:

Oemio Apolonio

POR:

Familia; Jiménez Benítez

FECHA:

05/17/12

LA BIBLIA EN UN MINUTO PARA

Hombres

HB
HONOR
BOOKS

Publicado por
Editorial Unilit
Miami, Fl. 33172
Derechos reservados

© 2001, 2011 Editorial Unilit (Spanish translation)
Primera edición 2001
Nueva edición 2011

© 1994 por Mike Murdock
P O Box 99, Dallas, TX 75221
Originalmente publicado en inglés con el título:
One-Minute Pocket Bible for Men.
Publicado por Honor Books Publishing,
P O Box 55388,
Tulsa, Oklahoma 74155, USA

Traducción: Guillermo Vázquez
Diseño cubierta /interior: Ximena Urra
Fotografías de la cubierta e interior: © 2011 Likar, Aleksey Oleynikov
Wanchai, GMdSGN. Usadas con permiso de Shutterstock.com.

Producto 496931
ISBN 0-7899-1955-9 • ISBN 978-0-7899-1955-7

Impreso en Colombia
Printed in Colombia

Categoría: Inspiración /Motivación /Devocional
Category: Inspiration /Motivational /Devotionals

Contenido

Contenido

Contenido

Contenido

Verdades acerca de los hombres

A ti te crearon con un propósito. Hay un plan perfecto para tu vida. Nunca olvides que Dios te creó para una misión específica.

Él te ama.

Él te planificó.

Él programó tu nacimiento.

Él está unido a ti para siempre.

A decir verdad, Dios te ama tanto que envió a su Hijo, Jesús, para ayudarte. Jesús quiere ayudarte a realizar todos los sueños que Dios tuvo a fin de que los cumplieras en esta tierra cuando te creó. Todo lo que tienes que hacer es pedirle: «Pedid y recibiréis, para que vuestro gozo sea completo» (Juan 16:24, LBLA).

Tu propósito en la vida no es una decisión tuya, sino un descubrimiento.

Cuando era un adolescente, oí una historia acerca de un granjero cuyo hijo fue a la universidad. El padre estaba preocupado por la orientación que recibiría su hijo debido a las enseñanzas ateas. Sabía lo convincentes y seductores que serían esos hábiles comunicadores para propagar su enfermedad de duda.

Con el tiempo, se confirmaron sus temores. Su hijo regresó a casa para una visita y era obvio que ya tenía serios conflictos con su fe en Dios.

Conversando un día debajo de un viejo roble, de repente el hijo le dijo al padre: «Papá, ya no puedo creer en Dios nunca más. Mira esas calabazas allí en el suelo. Son grandes y pesadas. Aun así, tienen enredaderas pequeñas y tiernas. Sin embargo, mira este gran roble. Podría soportar el peso de las calabazas, pero solo produce pequeñas bellotas. Si en realidad hubiera un Dios inteligente en este universo, hubiera colocado las calabazas en el roble y las pequeñas bellotas en la frágil enredadera.

De pronto, una bellota cayó del árbol y rebotó con suavidad en la cabeza del joven antes de caer al suelo. Ante la verdad que poco a poco aparecía ya ante sus ojos, este dijo avergonzado: «Papá, gracias a Dios que no era una calabaza la que cayó».

En algún momento de la vida, tú también quizá cuestiones la existencia de tu Creador. Tu lógica siempre competirá con tu fe. Tu mente siempre competirá con tu corazón. No obstante, piensa una vez más en esto:

Un libro prueba que hay un autor.

Un poema prueba que hay un poeta.

Una canción prueba que hay un compositor.

Un producto prueba que hay un fabricante.

La creación prueba que hay un Creador. Solo los tontos piensan que llegaron primero. «Dice el necio en su corazón: "No hay Dios"» (Salmo 14:1).

La prueba de la presencia de Dios pesa más que la prueba de su ausencia.

Dios existe.

El mundo está ordenado... por esa misma razón debe existir un Ordenador. *es Jesus*

Como ves, algún día esto te herirá como una centella de luz: tu Creador es un Planificador... increíblemente organizado... meticuloso en los detalles... y, como cualquier fabricante de éxito, comprometido por completo con el éxito de su producto: TÚ.

¿Por qué te creó Dios?

Te creó para que seas un instrumento de complacencia para Él.

«Digno eres, Señor y Dios nuestro, de recibir la gloria, la honra y el poder, porque tú creaste todas las cosas; por tu voluntad existen y fueron creadas».

Apocalipsis 4:11

Cuando complaces a Dios, Él te complace a ti.

> «Si realmente escuchas al Señor tu Dios, y cumples fielmente todos estos mandamientos que hoy te ordeno, el Señor tu Dios te pondrá por encima de todas las naciones de la tierra».
>
> *Deuteronomio 28:1*

Dios se agrada por todos los actos diarios de obediencia que, de manera progresiva, van completando sus sueños y sus metas para tu vida.

> «Y recibimos todo lo que le pedimos porque obedecemos sus mandamientos y hacemos lo que le agrada».
>
> *1 Juan 3:22*

Tus más ardientes deseos, talentos y oportunidades revelan cuáles son los sueños y el llamamiento de Dios para tu vida.

> «Teniendo dones que difieren, según la gracia que nos ha sido dada, usémoslos: si el de profecía [...] el de servicio [...] o el que enseña [...] el que exhorta [...] el que da [...] el que dirige [...] el que muestra misericordia».
>
> *Romanos 12:6-8, LBLA*

La oración de un hombre

Querido Padre celestial:

Sé que existes.

Sé que me creaste. Sé que me creaste para un propósito. Sé que tienes un plan perfecto para mi vida.

Gracias por ese plan. Gracias por amarme. Estoy unido a ti para siempre.

Padre, ayúdame a recordar que me creaste para ser un instrumento que te agrade.

Quiero obedecerte. Permite que recuerde tus mandamientos de manera que pueda hacer las cosas que son agradables ante tus ojos.

Gracias por ayudarme a descubrir mis talentos y mi propósito en la vida. Gracias porque estás comprometido por completo con mi éxito.

En el nombre de Jesús,

Amén.

LA BIBLIA EN UN MINUTO

PARA

Hombres

EDITORIAL UNILIT

Sepa

6 - 1 - 12

ACTITUD

Instrúyanme, y me quedaré callado; muéstrenme en qué estoy equivocado.

Job 6:24

De la abundancia del corazón habla la boca [...] Pero yo les digo que en el día del juicio todos tendrán que dar cuenta de toda palabra ociosa que hayan pronunciado. Porque por tus palabras se te absolverá, y por tus palabras se te condenará.

Mateo 12:34, 36-37

«No pequen al dejar que el enojo los controle». No permitan que el sol se ponga mientras siguen enojados.

Efesios 4:26, NTV

Hermanos, no se quejen unos de otros, o serán juzgados. ¡Pues miren, el Juez ya está a la puerta!

Santiago 5:9, NTV

Manténganse libres del amor al dinero, y conténtense con lo que tienen, porque Dios ha dicho: «Nunca te dejaré; jamás te abandonaré».

Hebreos 13:5

**Tu actitud determina
el momento que vives.**

ADORACIÓN

¡Denle al Señor la gloria que merece! Lleven ofrendas y entren en su presencia. Adoren al Señor en todo su santo esplendor.

1 Crónicas 16:29, NTV

Cuán bueno, Señor, es darte gracias y entonar, oh Altísimo, salmos a tu nombre; proclamar tu gran amor por la mañana, y tu fidelidad por la noche.

Salmo 92:1-2

Sabemos que Dios no escucha a los pecadores, pero sí a los piadosos y a quienes hacen su voluntad.

Juan 9:31

Te exaltaré, mi Dios, mi Rey, y bendeciré tu nombre eternamente y para siempre. Cada día te bendeciré, y alabaré tu nombre eternamente y para siempre.

Salmo 145:1-2, RV-60

Jesús le contestó:
—Escrito está: "Adora al Señor tu Dios y sírvele solamente a él".

Lucas 4:8

> **La verdadera adoración no es algo forzado.
> Es una intimidad inevitable. Es la cámara
> nupcial donde nace tu futuro.**

AMISTAD

¡Qué maravilloso y agradable es cuando los hermanos conviven en armonía!

Salmo 133:1, NTV

El amigo verdadero es siempre leal, y el hermano es para que nos ayude en tiempo de necesidad.

Proverbios 17:17, LBD

El hombre que tiene amigos ha de mostrarse amigo; y amigo hay más unido que un hermano.

Proverbios 18:24, RV-60

No te hagas amigo de la gente irritable, ni te juntes con los que pierden los estribos con facilidad.

Proverbios 22:24, NTV

Más confiable es el amigo que hiere que el enemigo que besa [...] El perfume y el incienso alegran el corazón; la dulzura de la amistad fortalece el ánimo. No abandones a tu amigo ni al amigo de tu padre.

Proverbios 27:6, 9-10

Nadie tiene amor más grande que el dar la vida por sus amigos. Ustedes son mis amigos si hacen lo que yo les mando.

Juan 15:13-14

Cuando Dios quiere bendecirte, pone a una persona en tu vida.

AMOR

Las muchas aguas no pueden apagar el amor, ni los ríos pueden ahogarlo. Si un hombre tratara de comprar amor con toda su fortuna, su oferta sería totalmente rechazada.

Cantar de los Cantares 8:7, NTV

Este mandamiento nuevo les doy: que se amen los unos a los otros. Así como yo los he amado, también ustedes deben amarse los unos a los otros.

Juan 13:34

El Padre mismo los ama porque me han amado y han creído que yo he venido de parte de Dios.

Juan 16:27

Este es el mensaje que han oído desde el principio: que nos amemos los unos a los otros.

1 Juan 3:11

Queridos hermanos, amémonos los unos a los otros, porque el amor viene de Dios, y todo el que ama ha nacido de él y lo conoce. [...] En esto consiste el amor: no en que nosotros hayamos amado a Dios, sino en que él nos amó y envió a su Hijo para que fuera ofrecido como sacrificio por el perdón de nuestros pecados.

1 Juan 4:7, 10

Atraerás lo que respetas, lo que no respetas se alejará de ti.

APARIENCIA

El Señor dijo a Samuel: No mires a su apariencia, ni a lo alto de su estatura, porque lo he desechado; pues Dios ve no como el hombre ve, pues el hombre mira la apariencia exterior, pero el Señor mira el corazón.

1 Samuel 16:7, LBLA

El Señor se complace en su pueblo; a los humildes concede el honor de la victoria.

Salmo 149:4

El corazón alegre se refleja en el rostro, el corazón dolido deprime el espíritu.

Proverbios 15:13

Vosotros veis las cosas según la apariencia exterior. Si alguno tiene confianza en sí mismo de que es de Cristo, considere esto dentro de sí otra vez: que así como él es de Cristo, también lo somos nosotros.

2 Corintios 10:7, LBLA

No se interesen tanto por la belleza externa: los peinados extravagantes, las joyas costosas o la ropa elegante. En cambio, vístanse con la belleza interior, la que no se desvanece, la belleza de un espíritu tierno y sereno, que es tan precioso a los ojos de Dios.

1 Pedro 3:3-4, NTV

**La gente ve lo que eres
antes de oír lo que eres.**

ARREPENTIMIENTO

Si confesamos nuestros pecados, Dios, que es fiel y justo, nos los perdonará y nos limpiará de toda maldad.

1 Juan 1:9

Perdonaste la iniquidad de tu pueblo y cubriste todos sus pecados.

Salmo 85:2

Abandone el impío su camino, y el hombre inicuo sus pensamientos, y vuélvase al Señor, que tendrá de él compasión, al Dios nuestro, que será amplio en perdonar.

Isaías 55:7, LBLA

Yo les perdonaré sus iniquidades, y nunca más me acordaré de sus pecados.

Hebreos 8:12

Y cuando estén orando, si tienen algo contra alguien, perdónenlo, para que también su Padre que está en el cielo les perdone a ustedes sus pecados.

Marcos 11:25

**Todos los hombres caen.
Los grandes hombres se levantan.**

ASISTENCIA A LA IGLESIA

Y harán un santuario para mí, y habitaré en medio de ellos.

Éxodo 25:8, RV-60

Una sola cosa le pido al SEÑOR, y es lo único que persigo: habitar en la casa del SEÑOR todos los días de mi vida, para contemplar la hermosura del SEÑOR y recrearme en su templo.

Salmo 27:4

Yo me alegro cuando me dicen: «Vamos a la casa del SEÑOR».

Salmo 122:1

Cuando entres en la casa de Dios, abre los oídos y cierra la boca. Hace mal quien presenta ofrendas a Dios sin pensar.

Eclesiastés 5:1, NTV

Porque donde están dos o tres congregados en mi nombre, allí estoy yo en medio de ellos.

Mateo 18:20, RV-60

No dejemos de congregarnos, como acostumbran hacerlo algunos, sino animémonos unos a otros, y con mayor razón ahora que vemos que aquel día se acerca.

Hebreos 10:25

> **El ambiente determina
> lo que crece dentro de ti.**

BIBLIA

No agregues ni quites nada a estos mandatos que te doy. Simplemente obedece los mandatos del Señor tu Dios que te doy.

Deuteronomio 4:2, NTV

He guardado tu palabra en mi corazón, para no pecar contra ti [...] Tu palabras es una lámpara que guía mis pies y una luz para mi camino.

Salmo 119:11, 105, NTV

El cielo y la tierra pasarán, pero mis palabras no pasarán.

Marcos 13:31, RV-60

Toda la Escritura es inspirada por Dios y útil para enseñar, para reprender, para corregir y para instruir en la justicia, a fin de que el siervo de Dios esté enteramente capacitado para toda buena obra.

2 Timoteo 3:16-17

Porque la palabra de Dios es viva y eficaz, y más cortante que toda espada de dos filos; y penetra hasta partir el alma y el espíritu, las coyunturas y los tuétanos, y discierne los pensamientos y las intenciones del corazón.

Hebreos 4:12, RV-60

La única necesidad de Dios es que creas en Él. Su único dolor es que dudes de Él.

CAPACIDADES

Porque el Señor es tu seguridad.

Proverbios 3:26, NTV

«No por el poder ni por la fuerza, sino por mi Espíritu dice el Señor de los Ejércitos Celestiales».

Zacarías 4:6, NTV

Ciertamente les aseguro que el que cree en mí las obras que yo hago también él las hará, y aun las hará mayores, porque yo vuelvo al Padre.

Juan 14:12

¿Qué, pues, diremos a esto? Si Dios es por nosotros, ¿quién contra nosotros?

Romanos 8:31, RV-60

Nosotros, por nuestra parte, tenemos la mente de Cristo.

1 Corintios 2:16

No nos cansemos, pues, de hacer bien; porque a su tiempo segaremos, si no desmayamos.

Gálatas 6:9, RV-60

Todo lo puedo en Cristo que me fortalece.

Filipenses 4:13

Porque irrevocables son los dones y el llamamiento de Dios.

Romanos 11:29, RV-60

Nada es nunca tan difícil como parece al principio.

CARÁCTER

Dichoso el hombre que no sigue el consejo de los malvados, ni se detiene en la senda de los pecadores ni cultiva la amistad de los blasfemos, sino que en la ley del Señor se deleita, y día y noche medita en ella.

Salmo 1:1-2

Hazme justicia, Señor, pues he llevado una vida intachable; ¡en el Señor confío sin titubear!

Salmo 26:1

No paguen a nadie mal por mal. Procuren hacer lo bueno delante de todos. Si es posible, y en cuanto dependa de ustedes, vivan en paz con todos.

Romanos 12:17-18

Por último, hermanos, consideren bien todo lo verdadero, todo lo respetable, todo lo justo, todo lo puro, todo lo amable, todo lo digno de admiración, en fin, todo lo que sea excelente o merezca elogio.

Filipenses 4:8

Sean mi protección la integridad y la rectitud, porque en ti he puesto mi esperanza.

Salmo 25:21

> **No puedes ser lo que no eres,
> pero puedes llegar
> a ser lo que no eres.**

CODICIA

Es posible repartir lo que se tiene y aumentar la riqueza; también es posible mostrarse avariento y perderlo todo. Sí; el hombre generoso se enriquecerá. Agua que da al prójimo es agua que vuelve a él.

Proverbios 11:24-25, LBD

Es un pecado despreciar al prójimo; ¡dichoso el que se compadece de los pobres!

Proverbios 14:21

El dinero mal habido trae dolor a toda la familia.

Proverbios 15:27, LBD

¡Tengan cuidado! —advirtió a la gente—. Absténganse de toda avaricia; la vida de una persona no depende de la abundancia de sus bienes [...] Pues donde tengan ustedes su tesoro, allí estará también su corazón.

Lucas 12:15, 34

Manténganse libres del amor al dinero, y conténtense con lo que tienen, porque Dios ha dicho: «Nunca te dejaré; jamás te abandonaré».

Hebreos 13:5

No te fatigues tratando de hacerte rico. ¿Para qué pierdes tu tiempo? Las riquezas pueden desaparecer como si tuvieran alas.

Proverbios 23:4-5, LBD

El dar es la única prueba de que superaste la avaricia.

COMPASIÓN

Mas Él, siendo compasivo, perdonaba sus iniquidades y no los destruía; muchas veces contuvo su ira, y no despertó todo su furor.

Salmo 78:38, LBLA

Para los justos la luz brilla en las tinieblas. ¡Dios es clemente, compasivo y justo!

Salmo 112:4

¿Puede una mujer olvidar a su niño de pecho, sin compadecerse del hijo de sus entrañas? Aunque ellas se olvidaran, yo no te olvidaré.

Isaías 49:15, LBLA

Cuando Jesús desembarcó y vio tanta gente, tuvo compasión de ellos, porque eran como ovejas sin pastor. Así que comenzó a enseñarles muchas cosas.

Marcos 6:34

En fin, vivan en armonía los unos con los otros; compartan penas y alegrías, practiquen el amor fraternal, sean compasivos y humildes.

1 Pedro 3:8

Aquellos que despiertan tu compasión son esos que te han asignado.

CONFIANZA

El Señor es mi luz y mi salvación; ¿a quién temeré? El Señor es el baluarte de mi vida; ¿quién podrá amedrentarme?

Salmo 27:1

Es mejor refugiarse en el Señor que confiar en el hombre.
Salmo 118:8

El Señor será tu confianza, y guardará tu pie de ser apresado.

Proverbios 3:26, LBLA

No me escogieron ustedes a mí, sino que yo los escogí a ustedes y los comisioné para que vayan y den fruto, un fruto que perdure.

Juan 15:16

Estoy convencido de esto: el que comenzó tan buena obra en ustedes la irá perfeccionando hasta el día de Cristo Jesús.

Filipenses 1:6

Ustedes, queridos hijos, son de Dios y han vencido a esos falsos profetas, porque el que está en ustedes es más poderoso que el que está en el mundo.

1 Juan 4:4

Todo lo puedo en Cristo que me fortalece.
Filipenses 4:13

**Te crearon para el cumplimiento.
Te diseñaron para el éxito.**

COMPROMISO

Encomienda al Señor tu camino; confía en él, y él actuará.

Salmo 37:5

Pon todo lo que hagas en manos del Señor, y tus planes tendrán éxito.

Proverbios 16:3, NTV

Abraham no dudó jamás. Con la más profunda fe y confianza, creyó a Dios, y le dio las gracias por aquella bendición antes de que se produjera. ¡Estaba completamente seguro de que Dios podría cumplir cualquier promesa!

Romanos 4:20-21, LBD

No nos cansemos de hacer el bien, porque a su debido tiempo cosecharemos si no nos damos por vencidos.

Gálatas 6:9

Hermanos, yo mismo no pretendo haberlo ya alcanzado; pero una cosa hago: olvidando ciertamente lo que queda atrás y extendiéndome a lo que está delante, prosigo a la meta, al premio del supremo llamamiento de Dios en Cristo Jesús.

Filipenses 3:13-14, RV-60

Compromiso es tu decisión final de suplir las necesidades de esos a los que Dios te ha llamado a servir.

COMUNICACIÓN

Tus propios oídos lo escucharán. Detrás de ti, una voz dirá: «Este es el camino por el que debes ir», ya sea a la derecha o a la izquierda.

Isaías 30:21, NTV

No se dejen engañar: «Las malas compañías corrompen las buenas costumbres».

1 Corintios 15:33

El que recibe instrucción en la palabra de Dios, comparta todo lo bueno con quien le enseña.

Gálatas 6:6

Eviten toda conversación obscena. Por el contrario, que sus palabras contribuyan a la necesaria edificación y sean de bendición para quienes escuchan.

Efesios 4:29

Sin embargo, han hecho bien en participar conmigo en mi angustia.

Filipenses 4:14

Pero ahora abandonen también todo esto: enojo, ira, malicia, calumnia y lenguaje obsceno.

Colosenses 3:8

Si lo que le dices a alguien no se les puede decir a todos, ¡no se lo digas a nadie!
J.E. Murdock

CRISIS

Aun cuando yo pase por el valle oscuro, no temeré, porque tú estás a mi lado. Tu vara y tu cayado me protegen y me confortan.

Salmo 23:4, NTV

Porque en el día de la aflicción él me resguardará en su morada; al amparo de su tabernáculo me protegerá, y me pondrá en alto, sobre una roca.

Salmo 27:5

Mi alma se gloría en el Señor; lo oirán los humildes y se alegrarán. Engrandezcan al Señor conmigo; exaltemos a una su nombre. Busqué al Señor, y él me respondió; me libró de todos mis temores.

Salmo 34:2-4

Dios es nuestro amparo y nuestra fortaleza, nuestra ayuda segura en momentos de angustia. Por eso, no temeremos aunque se desmorone la tierra y las montañas se hundan en el fondo del mar; aunque rujan y se encrespen sus aguas, y ante su furia retiemblen los montes.

Salmo 46:1-3

No los voy a dejar huérfanos; volveré a ustedes.

Juan 14:18

**La crisis siempre ocurre
en el momento del cambio.**

CRÍTICA

La blanda respuesta quita la ira; mas la palabra áspera hace subir el furor.

Proverbios 15:1, RV-60

Dichosos serán ustedes cuando por mi causa la gente los insulte, los persiga y levante contra ustedes toda clase de calumnias.

Mateo 5:11

También le preguntaron unos soldados, diciendo: Y nosotros, ¿qué haremos? Y les dijo: No hagáis extorsión a nadie, ni calumniéis; y contentaos con vuestro salario.

Lucas 3:14, RV-60

Amen a sus enemigos, háganles bien y denles prestado sin esperar nada a cambio. Así tendrán una gran recompensa y serán hijos del Altísimo, porque él es bondadoso con los ingratos y malvados.

Lucas 6:35

Mantengan siempre limpia la conciencia. Entonces, si la gente habla en contra de ustedes será avergonzada al ver la vida recta que llevan porque pertenecen a Cristo.

1 Pedro 3:16, NTV

Nunca emplees más tiempo en una crítica que el que le darías a un amigo.

DEPRESIÓN

Tú, Señor, me rodeas cual escudo; tú eres mi gloria; ¡tú mantienes en alto mi cabeza! Clamo al Señor a voz en cuello, y desde su monte santo él me responde. Yo me acuesto, me duermo y vuelvo a despertar, porque el Señor me sostiene.

Salmo 3:3-5

El llanto puede durar toda la noche, pero a la mañana vendrá el grito de alegría.

Salmo 30:5, LBLA

Esperamos confiados en el Señor; él es nuestro socorro y nuestro escudo.

Salmo 33:20

¿Por qué te abates, oh alma mía, y por qué te turbas dentro de mí? Espera en Dios; porque aún he de alabarle, Salvación mía y Dios mío.

Salmo 42:11, RV-60

El Señor te cuidará en el hogar y en el camino, desde ahora y para siempre.

Salmo 121:8

El Señor [...] restaura a los abatidos y cubre con vendas sus heridas.

Salmo 147:2-3

> **La lucha prueba que todavía no te han conquistado. La guerra siempre acompaña al nacimiento de un milagro.**

DESCANSO

Cuando llegó el séptimo día, Dios ya había terminado su obra de creación, y descansó de toda su labor.

Génesis 2:2, NTV

Dios hablará a este pueblo con labios burlones y lenguas extrañas, pueblo al que dijo: «Este es el lugar de descanso; que descanse el fatigado»; y también: «Este es el lugar de reposo». ¡Pero no quisieron escuchar!

Isaías 28:11-12

Vengan a mí todos ustedes que están cansados y agobiados, y yo les daré descanso.

Mateo 11:28

Todo tiene su momento oportuno; hay un tiempo para todo lo que se hace bajo el cielo [...] un tiempo para amar, y un tiempo para odiar; un tiempo para la guerra, y un tiempo para la paz.

Eclesiastés 3:1, 8

Carguen con mi yugo y aprendan de mí, pues yo soy apacible y humilde de corazón, y encontrarán descanso para su alma. Porque mi yugo es suave y mi carga es liviana.

Mateo 11:29-30

Cuando la fatiga entra en la dimensión de la fe, se va la fatiga. Los ojos cansados muy raras veces ven un buen futuro.

DESEO

Deléitate en el Señor, y él te concederá los deseos de tu corazón.

Salmo 37:4

Ante ti, Señor, están todos mis deseos; no te son un secreto mis anhelos.

Salmo 38:9

Si estoy contigo, ya nada quiero en la tierra.

Salmo 73:25

El deseo cumplido endulza el alma.

Proverbios 13:19

Si ustedes creen, recibirán todo lo que pidan en oración.

Mateo 21:22

Por eso les digo: Crean que ya han recibido todo lo que estén pidiendo en oración, y lo obtendrán.

Marcos 11:24

Así que yo les digo: Pidan, y se les dará; busquen, y encontrarán; llamen, y se les abrirá la puerta.

Lucas 11:9

> **La prueba del deseo es la búsqueda. Nunca poseerás lo que no sientas deseos de buscar. El deseo no es solo lo que quieres, sino algo sin lo cual no puedes vivir.**

DESEMPLEO

Confía en el Señor y haz el bien; entonces vivirás seguro en la tierra y prosperarás.

Salmo 37:3, NTV

¡Voy a hacer algo nuevo! Ya está sucediendo, ¿no se dan cuenta? Estoy abriendo un camino en el desierto, y ríos en lugares desolados.

Isaías 43:19

Si eres dormilón, serás pobre. Desvélate, trábaja empeñosamente y tendrás abundancia de alimento.

Proverbios 20:13, LBD

Todo lo que te viniere a la mano para hacer, hazlo según tus fuerzas.

Eclesiastés 9:10, RV-60

«Les aseguro que si alguno le dice a este monte: "Quítate de ahí y tírate al mar", creyendo, sin abrigar la menor duda de que lo que dice sucederá, lo obtendrá».

Marcos 11:23

**Ve a donde te celebren,
no a donde te toleren.**

DESILUSIÓN

Ya te lo he ordenado: ¡Sé fuerte y valiente! ¡No tengas miedo ni te desanimes! Porque el Señor tu Dios te acompañará dondequiera que vayas.

Josué 1:9

El Señor es mi luz y mi salvación; ¿a quién temeré? El Señor es el baluarte de mi vida; ¿quién podrá amedrentarme? Cuando los malvados avanzan contra mí para devorar mis carnes, cuando mis enemigos y adversarios me atacan, son ellos los que tropiezan y caen. Aun cuando un ejército me asedie, no temerá mi corazón; aun cuando una guerra estalle contra mí, yo mantendré la confianza.

Salmo 27:1-3

A las montañas levanto mis ojos; ¿de dónde ha de venir mi ayuda? Mi ayuda proviene del Señor, creador del cielo y de la tierra.

Salmo 121:1-2

Ahora bien, sabemos que Dios dispone todas las cosas para el bien de quienes lo aman, los que han sido llamados de acuerdo con su propósito [...] ¿Qué diremos frente a esto? Si Dios está de nuestra parte, ¿quién puede estar en contra nuestra?

Romanos 8:28, 31

> **El mañana contiene más gozo que cualquier ayer que puedas recordar.**

DEUDAS

Los malvados piden prestado y no pagan, pero los justos dan con generosidad.

Salmo 37:21

Es peligroso dar garantía por la deuda de un desconocido; es más seguro no ser fiador de nadie.

Proverbios 11:15, NTV

Los ricos son los amos de los pobres; los deudores son esclavos de sus acreedores.

Proverbios 22:7

Den, y se les dará: se les echará en el regazo una medida llena, apretada, sacudida y desbordante. Porque con la medida que midan a otros, se les medirá a ustedes.

Lucas 6:38

No tengan deudas pendientes con nadie, a no ser la de amarse unos a otros.

Romanos 13:8

Tú les prestarás a muchas naciones, pero no tomarás prestado de nadie.

Deuteronomio 28:12

La deuda es prueba de codicia. Es lo opuesto de dar. La deuda es vaciar tu futuro para llenar tu presente. El dar es vaciar tu presente para llenar tu futuro.

LOS DIEZ MANDAMIENTOS

No tengas otros dioses además de mí.

No te hagas ningún ídolo, ni nada que guarde semejanza con lo que hay arriba en el cielo, ni con lo que hay abajo en la tierra, ni con lo que hay en las aguas debajo de la tierra.

No pronuncies el nombre del Señor tu Dios a la ligera.

Acuérdate del sábado, para consagrarlo.

Honra a tu padre y a tu madre.

No mates.

No cometas adulterio.

No robes.

No des falso testimonio en contra de tu prójimo.

No codicies la casa de tu prójimo: No codicies su esposa, ni su esclavo, ni su esclava, ni su buey, ni su burro, ni nada que le pertenezca.

Tomado de Éxodo 20:3-17

Tu futuro está determinado por tu habilidad de seguir las instrucciones.

DIEZMO

Deberás separar el diezmo de tus cosechas, es decir, la décima parte de todo lo que coseches cada año.

Deuteronomio 14:22, NTV

Honra al Señor dándole la primera porción de todos tus ingresos, y Él llenará tus graneros de trigo y cebada hasta rebosar, y tus barriles de los mejores vinos.

Proverbios 3:9-10, LBD

Traigan íntegro el diezmo para los fondos del templo, y así habrá alimento en mi casa. Pruébenme en esto —dice el SEÑOR Todopoderoso—, y vean si no abro las compuertas del cielo y derramo sobre ustedes bendición hasta que sobreabunde.

Malaquías 3:10

¡Ay de ustedes, maestros de la ley y fariseos, hipócritas! Dan la décima parte de sus especias: la menta, el anís y el comino. Pero han descuidado los asuntos más importantes de la ley, tales como la justicia, la misericordia y la fidelidad. Debían haber practicado esto sin descuidar aquello.

Mateo 23:23

Cuando sueltes lo que tienes en la mano, Dios soltará lo que tiene en la suya. El diezmo es una medida de tu obediencia y una ofrenda es la medida de tu generosidad.

DILIGENCIA

Las manos ociosas conducen a la pobreza; las manos hábiles atraen riquezas. El hijo prevenido se abastece en el verano, pero el sinvergüenza duerme en tiempo de cosecha.

Proverbios 10:4-5

Trabaja duro y serás un líder [...] pero los diligentes aprovechan todo lo que encuentran.

Proverbios 12:24, 27, NTV

El perezoso ambiciona, y nada consigue; el diligente ve cumplidos sus deseos.

Proverbios 13:4

¿Has visto a alguien diligente en su trabajo? Se codeará con reyes, y nunca será un Don Nadie.

Proverbios 22:29

Todo lo que te viniere a la mano para hacer, hazlo según tus fuerzas.

Eclesiastés 9:10, RV-60

Todo lo puedo en Cristo que me fortalece.

Filipenses 4:13

Diligencia es la atención rápida a una tarea asignada. Es la insistencia hasta su terminación.

DIOS

En el principio, Dios creó los cielos y la tierra.

Génesis 1:1, NTV

Mas a cuantos lo recibieron, a los que creen en su nombre, les dio el derecho de ser hijos de Dios.

Juan 1:12

Está escrito: «Tan cierto como que yo vivo —dice el Señor—, ante mí se doblará toda rodilla y toda lengua confesará a Dios». Así que cada uno de nosotros tendrá que dar cuentas de sí a Dios.

Romanos 14:11-12

Porque por medio de él fueron creadas todas las cosas en el cielo y en la tierra, visibles e invisibles, sean tronos, poderes, principados o autoridades: todo ha sido creado por medio de él y para él. Él es anterior a todas las cosas, que por medio de él forman un todo coherente.

Colosenses 1:16-17

Dice el necio en su corazón: «No hay Dios». Están corrompidos, sus obras son detestables; ¡no hay uno solo que haga lo bueno!

Salmo 53:1

Las evidencias de la presencia de Dios sobrepasan con mucho las pruebas de su ausencia.

DIRECCIÓN

Lámpara es a mis pies tu palabra, y lumbrera a mi camino.

Salmo 119:105, RV-60

Cuando camines, te servirán de guía; cuando duermas, vigilarán tu sueño; cuando despiertes, hablarán contigo. El mandamiento es una lámpara, la enseñanza es una luz y la disciplina es el camino a la vida.

Proverbios 6:22-23

Jesús se dirigió entonces a los judíos que habían creído en él, y les dijo:
—Si se mantienen fieles a mis enseñanzas, serán realmente mis discípulos; y conocerán la verdad, y la verdad los hará libres.

Juan 8:31-32

Yo te instruiré, yo te mostraré el camino que debes seguir; yo te daré consejos y velaré por ti.

Salmo 32:8

Toda la Escritura es inspirada por Dios y útil para enseñar, para reprender, para corregir y para instruir en la justicia, a fin de que el siervo de Dios esté enteramente capacitado para toda buena obra.

2 Timoteo 3:16-17

Cultiva un espíritu dócil.

DISCIPLINA

Enséñame a hacer tu voluntad, porque tú eres mi Dios.
Que tu buen Espíritu me guíe por un terreno sin obs-
táculos.

Salmo 143:10

Si no disciplinas a tu hijo, demuestras que no lo quieres; pero si lo amas, estarás dispuesto a castigarlo.

Proverbios 13:24

Disciplina a tus hijos mientras hay esperanza; de lo
contrario, arruinarás sus vidas.

Proverbios 19:18, NTV

Instruye al niño en su camino, y aun cuando fuere viejo
no se apartará de él.

Proverbios 22:6, RV-60

Corrígeme, SEÑOR, pero con justicia, y no según tu ira,
pues me destruirías.

Jeremías 10:24

Porque el Señor disciplina a los que ama, y azota a todo
el que recibe como hijo. Lo que soportan es para su disciplina, pues Dios los está tratando como a hijos. ¿Qué
hijo hay a quien el padre no disciplina? Si a ustedes se
les deja sin la disciplina que todos reciben, entonces
son bastardos y no hijos legítimos.

Hebreos 12:6-8

> **Los triunfadores quieren hacer cosas que
> detestan, a fin de crear algo que aman.**

DISCRECIÓN

Yo te ruego que le des a tu siervo discernimiento para gobernar a tu pueblo y para distinguir entre el bien y el mal. De lo contrario, ¿quién podrá gobernar a este gran pueblo tuyo?

1 Reyes 3:9

Dichoso el hombre que no sigue el consejo de los malvados, ni se detiene en la senda de los pecadores ni cultiva la amistad de los blasfemos, sino que en la ley del Señor se deleita, y día y noche medita en ella. Es como el árbol plantado a la orilla de un río que, cuando llega su tiempo, da fruto y sus hojas jamás se marchitan. ¡Todo cuanto hace prospera!

Salmo 1:1-3

Tu siervo soy: dame entendimiento y llegaré a conocer tus estatutos [...] La exposición de tus palabras nos da luz, y da entendimiento al sencillo.

Salmo 119:125, 130

Confía en el Señor de todo corazón, y no en tu propia inteligencia. Reconócelo en todos tus caminos, y él allanará tus sendas.

Proverbios 3:5-6

> **Nunca discutas tu problema con alguien que no pueda resolverlo. El silencio no puede entenderse mal.**

DOLOR

Fíjate en mi aflicción y en mis penurias, y borra todos mis pecados.

Salmo 25:18

Muchas son las angustias del justo, pero el Señor lo librará de todas ellas.

Salmo 34:19

Rescátame de la opresión de la gente malvada, entonces podré obedecer tus mandamientos.

Salmo 119:134, NTV

El Señor [...] restaura a los abatidos y cubre con vendas sus heridas.

Salmo 147:2-3

«Si alguien le pregunta: "¿Por qué tienes esas heridas en las manos?", él responderá: "Son las heridas que me hicieron en casa de mis amigos"».

Zacarías 13:6

Enjugará Dios toda lágrima de los ojos de ellos; y ya no habrá muerte, ni habrá más llanto, ni clamor, ni dolor; porque las primeras cosas pasaron.

Apocalipsis 21:4, RV-60

El dolor es el malestar causado por el desorden. No es tu enemigo, sino solo la señal de que tú existes.

ENFOQUE

Firme está, oh Dios, mi corazón; firme está mi corazón. Voy a cantarte salmos.

Salmo 57:7

Sigo avanzando hacia la meta para ganar el premio que Dios ofrece mediante su llamamiento celestial en Cristo Jesús.

Filipenses 3:14

Sé fuerte y muy valiente. Ten cuidado de obedecer todas las instrucciones que Moisés te dio. No te desvíes de ellas ni a la derecha ni a la izquierda. Entonces te irá bien en todo lo que hagas.

Josué 1:7, NTV

Y Jesús le dijo: Ninguno que poniendo su mano en el arado mira hacia atrás, es apto para el reino de Dios.

Lucas 9:62, RV-60

Si desde allí buscas al Señor tu Dios con todo tu corazón y con toda tu alma, lo encontrarás.

Deuteronomio 4:29

Tengan, pues, cuidado de hacer lo que el Señor su Dios les ha mandado; no se desvíen ni a la derecha ni a la izquierda.

Deuteronomio 5:32

> **El enfoque equivocado es la única razón por la que fracasan los hombres.**

ENOJO

Mis amados hermanos, quiero que entiendan lo siguiente: todos ustedes deben ser rápidos para escuchar, lentos para hablar y lentos para enojarse.

Santiago 1:19-20, NTV

Además, «no pequen al dejar que el enojo los controle». No permitan que el sol se ponga mientras siguen enojados.

Efesios 4:26, NTV

La respuesta apacible desvía el enojo, pero las palabras ásperas encienden los ánimos.

Proverbios 15:1, NTV

No tomen venganza, hermanos míos, sino dejen el castigo en las manos de Dios, porque está escrito: «Mía es la venganza; yo pagaré», dice el Señor.

Romanos 12:19

No te dejes llevar por el enojo que sólo abriga el corazón del necio.

Eclesiastés 7:9

Tu entrada puede decidir tu salida.

ENTUSIASMO

¡Alégrense los cielos, y regocíjese la tierra! Digan las naciones: «¡El Señor reina!».

1 Crónicas 16:31

Convertiste mi lamento en danza.

Salmo 30:11

¡Vengan todos! ¡Aplaudan! ¡Griten alegres alabanzas a Dios!

Salmo 47:1, NTV

Felices son los que oyen el alegre llamado a la adoración, porque caminarán a la luz de tu presencia, Señor.

Salmo 89:15, NTV

El corazón contento alegra el rostro.

Proverbios 15:13, NTV

Ustedes saldrán con alegría y serán guiados en paz.

Isaías 55:12

Anímense unos a otros con salmos, himnos y canciones espirituales. Canten y alaben al Señor con el corazón.

Efesios 5:19

La atmósfera que creas determina el producto que fabricas.

ESPERANZA

Con razón mi corazón está contento y yo me alegro, mi cuerpo descansa seguro.

Salmo 16:9, NTV

Anímense unos a otros con salmos, himnos y canciones espirituales. Canten y alaben al Señor con el corazón.

Salmo 31:24

Y esta esperanza no nos defrauda, porque Dios ha derramado su amor en nuestro corazón por el Espíritu Santo que nos ha dado.

Romanos 5:5

Pero si esperamos lo que no vemos, con paciencia lo aguardamos.

Romanos 8:25, RV-60

Que el Dios de la esperanza los llene de toda alegría y paz a ustedes que creen en él, para que rebosen de esperanza por el poder del Espíritu Santo.

Romanos 15:13

Cada cosa que Dios creó es una solución para un problema.

ESTRÉS

El Señor es refugio de los oprimidos; es su baluarte en momentos de angustia.

Salmo 9:9

Podrán desfallecer mi cuerpo y mi espíritu, pero Dios fortalece mi corazón; él es mi herencia eterna.

Salmo 73:26

Podrán caer mil a tu izquierda, y diez mil a tu derecha, pero a ti no te afectará [...] ningún mal habrá de sobrevenirte, ninguna calamidad llegará a tu hogar.

Salmo 91:7, 10

En vano madrugan ustedes, y se acuestan muy tarde, para comer un pan de fatigas, porque Dios concede el sueño a sus amados.

Salmo 127:2

Depositen en él toda ansiedad, porque él cuida de ustedes.

1 Pedro 5:7

La paz les dejo; mi paz les doy. Yo no se la doy a ustedes como la da el mundo. No se angustien ni se acobarden.

Juan 14:27

Cuando siento miedo, pongo en ti mi confianza.

Salmo 56:3

Nunca te quejes de lo que permites.

ÉTICA

No des falso testimonio en contra de tu prójimo.

Éxodo 20:16

Dichoso el hombre que no sigue el consejo de los malvados, ni se detiene en la senda de los pecadores ni cultiva la amistad de los blasfemos, sino que en la ley del Señor se deleita, y día y noche medita en ella.

Salmo 1:1-2

Sean mi protección la integridad y la rectitud, porque en ti he puesto mi esperanza.

Salmo 25:21

Hazme justicia, Señor, pues he llevado una vida intachable; ¡en el Señor confío sin titubear!

Salmo 26:1

Preciosa herencia es tener un padre honrado.

Proverbios 20:7, LBD

No paguen a nadie mal por mal. Procuren hacer lo bueno delante de todos.

Romanos 12:17

Lo que eres se revela por lo que haces. Lo que haces revela lo que crees en realidad.

EXCELENCIA

La gente recta se aferra a su camino y los de manos limpias aumentan su fuerza.

Job 17:9

Si tienes que elegir, prefiere el buen nombre a las muchas riquezas; porque ser tenido en buena estima es mejor que la plata y el oro.

Proverbios 22:1, LBD

Entonces los administradores y los sátrapas empezaron a buscar algún motivo para acusar a Daniel de malos manejos en los negocios del reino. Sin embargo, no encontraron de qué acusarlo porque, lejos de ser corrupto o negligente, Daniel era un hombre digno de confianza.

Daniel 6:4

Pero ustedes, así como sobresalen en todo —en fe, en palabras, en conocimiento, en dedicación y en su amor hacia nosotros—, procuren también sobresalir en esta gracia de dar.

2 Corintios 8:7

> **Solo tendrás verdadero éxito en algo que sea una obsesión para ti.**

ÉXITO

Y él me respondió: El Señor, delante de quien he anda-
do, enviará su ángel contigo para dar éxito a tu viaje.

Génesis 24:40, LBLA

Ahora, cumplan con cuidado las condiciones de este
pacto para que prosperen en todo lo que hagan.

Deuteronomio 29:9

Solamente sé fuerte y muy valiente; cuídate de cumplir toda la ley que Moisés mi siervo te mandó; no te
desvíes de ella ni a la derecha ni a la izquierda, para
que tengas éxito dondequiera que vayas. Este libro de
la ley no se apartará de tu boca, sino que meditarás en
él día y noche, para que cuides de hacer todo lo que
en él está escrito; porque entonces harás prosperar tu
camino y tendrás éxito.

Josué 1:7-8, NTV

Honra al Señor con tus riquezas y con los primeros frutos de tus cosechas. Así tus graneros se llenarán a re-
ventar y tus bodegas rebosarán de vino nuevo.

Proverbios 3:9-10

> **Tu éxito lo determinarán los problemas que
> les resuelvas a otros.**

EXPECTATIVA

¿Por qué te abates, oh alma mía, y por qué te turbas dentro de mí? Espera en Dios; porque aún he de alabarle, Salvación mía y Dios mío.

Salmo 42:11, RV-60

Alma mía, en Dios solamente reposa, porque de él es mi esperanza.

Salmo 62:5, RV-60

Cuentas con una esperanza futura, la cual no será destruida.

Proverbios 23:18

«Les aseguro que si alguno le dice a este monte: "Quítate de ahí y tírate al mar", creyendo, sin abrigar la menor duda de que lo que dice sucederá, lo obtendrá. Por eso les digo: Crean que ya han recibido todo lo que estén pidiendo en oración, y lo obtendrán».

Marcos 11:23-24

En realidad, sin fe es imposible agradar a Dios, ya que cualquiera que se acerca a Dios tiene que creer que él existe y que recompensa a quienes lo buscan.

Hebreos 11:6

Las circunstancias de tu vida cambiarán cada vez que decidas usar tu fe.

FAMILIA

Instruye al niño en su camino, y aun cuando fuere viejo no se apartará de él.

Proverbios 22:6, RV-60

El padre del justo tiene de qué alegrarse. ¡Qué felicidad es tener un hijo sabio!

Proverbios 23:24, LBD

Con sabiduría se construye la casa; con inteligencia se echan los cimientos.

Proverbios 24:3

El Señor mismo instruirá a todos tus hijos, y grande será su bienestar.

Isaías 54:13

Cree en el Señor Jesús; así tú y tu familia serán salvos.

Hechos 16:31

Y ustedes, padres, no hagan enojar a sus hijos, sino críenlos según la disciplina e instrucción del Señor.

Efesios 6:4

El que no provee para los suyos, y sobre todo para los de su propia casa, ha negado la fe y es peor que un incrédulo.

1 Timoteo 5:8

Tú eres la semilla que decide cuál será la cosecha a tu alrededor.

FAVOR

Les va bien a los que prestan dinero con generosidad y manejan sus negocios equitativamente.

Salmo 112:5, NTV

Si buscas el bien, hallarás favor; pero si buscas el mal, ¡el mal te encontrará!

Proverbios 11:27, NTV

El Señor aprueba a los que son buenos, pero condena a quienes traman el mal.

Proverbios 12:2, NTV

El buen juicio redunda en aprecio, pero el camino del infiel no cambia. El prudente actúa con cordura, pero el necio se jacta de su necedad

Proverbios 13:15-16

Engañoso es el encanto y pasajera la belleza; la mujer que teme al Señor es digna de alabanza.

Proverbios 31:30

Jesús siguió creciendo en sabiduría y estatura, y cada vez más gozaba del favor de Dios y de toda la gente.

Lucas 2:52

**Corrientes de favor comienzan
a fluir en el momento en que le resuelves
un problema a alguien.**

FE

Si ustedes creen, recibirán todo lo que pidan en oración.

Mateo 21:22

Jesús le dijo: Si puedes creer, al que cree todo le es posible.

Marcos 9:23, RV-60

Por eso les digo: Crean que ya han recibido todo lo que estén pidiendo en oración, y lo obtendrán.

Marcos 11:24

—Si ustedes tuvieran una fe tan pequeña como un grano de mostaza —les respondió el Señor—, podrían decirle a este árbol: "Desarráigate y plántate en el mar", y les obedecería.

Lucas 17:6

Ante la promesa de Dios no vaciló como un incrédulo, sino que se reafirmó en su fe y dio gloria a Dios, plenamente convencido de que Dios tenía poder para cumplir lo que había prometido.

Romanos 4:20-21

Además de todo esto, tomen el escudo de la fe, con el cual pueden apagar todas las flechas encendidas del maligno.

Efesios 6:16

Cuando quieres algo que nunca has tenido, tienes que hacer algo que nunca has hecho.

FELICIDAD

Feliz el hombre a quien Dios reprende; no rechaces la represión del Todopoderoso.

Job 5:17, DHH

Tú has puesto en mi corazón más alegría que en quienes tienen trigo y vino en abundancia.

Salmo 4:7, DHH

¡Felices los que viven así! Felices de verdad son los que tienen a Dios como el Señor.

Salmo 144:15, NTV

El que desprecia a su amigo comete un pecado, pero ¡feliz aquel que se compadece del pobre!

Proverbios 14:21, DHH

Al que bien administra, bien le va; ¡feliz aquel que confía en el Señor!

Proverbios 16:20, DHH

Donde no hay dirección divina, no hay orden; ¡feliz el pueblo que cumple la ley de Dios!

Proverbios 29:18, DHH

Feliz el que halla sabiduría, el que obtiene inteligencia.

Proverbios 3:13, DHH

**Feliz es la persona que halla sabiduría.
Así es que sabes quién la tiene.**

FIDELIDAD

Sean fuertes y valientes. No teman ni se asusten ante esas naciones, pues el Señor su Dios siempre los acompañará; nunca los dejará ni los abandonará.

Deuteronomio 31:6

Dichosos los que guardan sus estatutos y de todo corazón lo buscan [...] Tú has establecido tus preceptos, para que se cumplan fielmente.

Salmo 119:2, 4

La discreción te cuidará, la inteligencia te protegerá.

Proverbios 2:11

El hombre que tiene amigos ha de mostrarse amigo; y amigo hay más unido que un hermano.

Proverbios 18:24, RV-60

Fieles son las heridas del que ama; pero importunos los besos del que aborrece.

Proverbios 27:6, RV-60

No paguen a nadie mal por mal. Procuren hacer lo bueno delante de todos.

Romanos 12:17

Dale a otro lo que no puede hallar en ninguna parte y te lo retribuirá.

FIJACIÓN DE METAS

En todo lo que hagas, pon a Dios en primer lugar, y Él te guiará, y coronará de éxito tus esfuerzos.

Proverbios 3:6, LBLA

Es mejor ser un pobre humilde que un orgulloso rico.

Proverbios 16:19, LBD

«Supongamos que alguno de ustedes quiere construir una torre. ¿Acaso no se sienta primero a calcular el costo, para ver si tiene suficiente dinero para terminarla? Si echa los cimientos y no puede terminarla, todos los que la vean comenzarán a burlarse de él, y dirán: "Este hombre ya no pudo terminar lo que comenzó a construir"».

Lucas 14:28-30

¡Anda, perezoso, fíjate en la hormiga! ¡Fíjate en lo que hace, y adquiere sabiduría! No tiene quien la mande, ni quien la vigile ni gobierne; con todo, en el verano almacena provisiones y durante la cosecha recoge alimentos.

Proverbios 6:6-8

> **Nunca saldrás de donde estás hasta que no decidas dónde quisieras estar.**

FORTUNA

Recuerda al Señor tu Dios, porque es él quien te da el poder para producir esa riqueza; así ha confirmado hoy el pacto que bajo juramento hizo con tus antepasados.

Deuteronomio 8:18

¡Aleluya! ¡Alabado sea el Señor! Dichoso el que teme al Señor, el que halla gran deleite en sus mandamientos. Sus hijos dominarán el país; la descendencia de los justos será bendecida. En su casa habrá abundantes riquezas, y para siempre permanecerá su justicia.

Salmo 112:1-3

Las riquezas del pecador se quedan para los justos.

Proverbios 13:22

A los ricos de este mundo, mándales que no sean arrogantes ni pongan su esperanza en las riquezas, que son tan inseguras, sino en Dios, que nos provee de todo en abundancia para que lo disfrutemos.

1 Timoteo 6:17

«¡Tengan cuidado! —advirtió a la gente—. Absténganse de toda avaricia; la vida de una persona no depende de la abundancia de sus bienes».

Lucas 12:15

Fortuna es tener mucho de algo que amas.

GANAR ALMAS

El fruto del justo es árbol de vida; y el que gana almas es sabio.

Proverbios 11:30, RV-60

La cosecha es abundante, pero son pocos los obreros.

Mateo 9:37

El que no está de mi parte, está contra mí; y el que conmigo no recoge, esparce.

Mateo 12:30

Les dijo: «Vayan por todo el mundo y anuncien las buenas nuevas a toda criatura. El que crea y sea bautizado será salvo, pero el que no crea será condenado.

Marcos 16:15-16

—De veras te aseguro que quien no nazca de nuevo no puede ver el reino de Dios —dijo Jesús.

Juan 3:3

—¿No dicen ustedes: "Todavía faltan cuatro meses para la cosecha"? Yo les digo: ¡Abran los ojos y miren los campos sembrados! Ya la cosecha está madura.

Juan 4:35

Lo roto llega a ser mejor que lo remendado

GOZO

Me mostrarás la senda de la vida; en tu presencia hay plenitud de gozo; delicias a tu diestra para siempre.

Salmo 16:11, RV-60

Y mi alma se regocijará en el Señor; en su salvación se gozará.

Salmo 35:9, LBLA

Dichosos los que saben aclamarte, Señor, y caminan a la luz de tu presencia; los que todo el día se alegran en tu nombre y se regocijan en tu justicia.

Salmo 89:15-16

Me has hecho conocer los caminos de la vida; me llenarás de gozo con tu presencia.
Hechos 2:28, LBLA

El reino de Dios no es comida ni bebida, sino justicia, paz y gozo en el Espíritu Santo.

Romanos 14:17, RV-60

Felicidad es gustarte a ti mismo.

GRATITUD

Entren por sus puertas con acción de gracias; vengan a sus atrios con himnos de alabanza; denle gracias, alaben su nombre.

Salmo 100:4

Luego tomó en sus manos una copa de vino y le dio gracias a Dios por ella. Entonces dijo: «Tomen esto y repártanlo entre ustedes [...]». [...] Tomó un poco de pan y dio gracias a Dios por él. Luego lo partió en trozos, lo dio a sus discípulos y dijo «Esto es mi cuerpo, el cual es entregado por ustedes. Hagan esto en memoria de mí».

Lucas 22:17, 19, NTV

Alabado sea Dios, Padre de nuestro Señor Jesucristo, que nos ha bendecido en las regiones celestiales con toda bendición espiritual en Cristo.

Efesios 1:3

Dando siempre gracias a Dios el Padre por todo, en el nombre de nuestro Señor Jesucristo.

Efesios 5:20

No se inquieten por nada; más bien, en toda ocasión, con oración y ruego, presenten sus peticiones a Dios y denle gracias.

Filipenses 4:6

> **Gratitud es el simple reconocimiento a tus dadores en tu vida. No puedes nombrar una sola cosa que no te hayan dado.**

GUÍA

Él mismo constituyó a unos, apóstoles; a otros, profetas; a otros, evangelistas; y a otros, pastores y maestros, a fin de capacitar al pueblo de Dios para la obra de servicio, para edificar el cuerpo de Cristo.

Efesios 4:11-12

Esfuérzate por presentarte a Dios aprobado, como obrero que no tiene de qué avergonzarse y que interpreta rectamente la palabra de verdad.

2 Timoteo 2:15

Por eso te recomiendo que avives la llama del don de Dios que recibiste cuando te impuse las manos.

2 Timoteo 1:6

Entonces Josué hijo de Nun fue lleno de espíritu de sabiduría, porque Moisés puso sus manos sobre él. Los israelitas, por su parte, obedecieron a Josué e hicieron lo que el Señor le había ordenado a Moisés.

Deuteronomio 34:9

> **Alguien ha oído lo que tú no has oído; alguien ha visto lo que tú no has visto; alguien sabe lo que tú no sabes. Tu éxito depende de tu disposición a que te guíen ellos.**

HÁBITOS

Así cantaré siempre salmos a tu nombre y cumpliré mis votos día tras día.

Salmo 61:8

Hijo mío, pon en práctica mis palabras y atesora mis mandamientos.

Proverbios 7:1

¿Acaso no saben ustedes que, cuando se entregan a alguien para obedecerlo, son esclavos de aquel a quien obedecen? Claro que lo son, ya sea del pecado que lleva a la muerte, o de la obediencia que lleva a la justicia.

Romanos 6:16

Así que les digo: Vivan por el Espíritu, y no seguirán los deseos de la naturaleza pecaminosa.

Gálatas 5:16

Todo lo puedo en Cristo que me fortalece.

Filipenses 4:13

Dios tuvo misericordia de mí, para que Cristo Jesús me usara como principal ejemplo de su gran paciencia con aun los peores pecadores. De esa manera, otros se darán cuenta de que también pueden creer en él y recibir la vida eterna.

1 Timoteo 1:16, NTV

Con tus buenas obras, dales tú mismo ejemplo en todo. Cuando enseñes, hazlo con integridad y seriedad.

Tito 2:7

> **Las personas no deciden su futuro. Deciden sus hábitos, y sus hábitos deciden su futuro.**

HIJOS

Justo es quien lleva una vida sin tacha; ¡dichosos los hijos que sigan su ejemplo!

Proverbios 20:7

Los hijos son una herencia del Señor, los frutos del vientre son una recompensa.

Salmo 127:3

Cualquiera que reciba en mi nombre a un niño como este, a mí me recibe.

Mateo 18:5, RV-60

Instruye al niño en su camino, y aun cuando fuere viejo no se apartará de él.

Proverbios 22:6, RV-60

Solo tú conoces tus prioridades.

HUMILDAD

Recompensa de la humildad y del temor del Señor son las riquezas, la honra y la vida.

Proverbios 22:4

Por tanto, el que se humilla como este niño será el más grande en el reino de los cielos.

Mateo 18:4

Por lo tanto, como escogidos de Dios, santos y amados, revístanse de afecto entrañable y de bondad, humildad, amabilidad y paciencia.

Colosenses 3:12

Y estando en la condición de hombre, se humilló a sí mismo, haciéndose obediente hasta la muerte, y muerte de cruz.

Filipenses 2:8, RV-60

Humíllense, pues, bajo la poderosa mano de Dios, para que él los exalte a su debido tiempo.

1 Pedro 5:6

Pero él nos da mayor ayuda con su gracia. Por eso dice la Escritura: «Dios se opone a los orgullosos, pero da gracia a los humildes».

Santiago 4:6

A los que están arriba los pueden llevar abajo.
A los que están abajo los pueden llevar arriba.
La humildad es el reconocimiento de esto.

IGNORANCIA

El principio de la sabiduría es el temor del Señor; buen juicio demuestran quienes cumplen sus preceptos.

Salmo 111:10

Porque el Señor da la sabiduría; conocimiento y ciencia brotan de sus labios. Él reserva su ayuda para la gente íntegra y protege a los de conducta intachable.

Proverbios 2:6-7

Por eso, desde el día en que lo supimos no hemos dejado de orar por ustedes. Pedimos que Dios les haga conocer plenamente su voluntad con toda sabiduría y comprensión espiritual.

Colosenses 1:9-10

Mi pueblo es destruido por falta de conocimiento. Por cuanto tú has rechazado el conocimiento, yo también te rechazaré para que no seas mi sacerdote; como has olvidado la ley de tu Dios, yo también me olvidaré de tus hijos.

Oseas 4:6, LBLA

> **Cree hasta que tu creencia no pueda producir algo que quieres.**

INFORMACIÓN

La exposición de tus palabras alumbra; hace entender a los simples.

Salmo 119:130, RV-60

Para aprender, tienes que desear la enseñanza. Rechazar la represión es insensatez.

Proverbios 12:1, LBD

Dios da sabiduría, conocimiento y alegría a quienes son de su agrado.

Eclesiastés 2:26, NTV

Mi pueblo es destruido por falta de conocimiento. Por cuanto tú has rechazado el conocimiento, yo también te rechazaré para que no seas mi sacerdote; como has olvidado la ley de tu Dios, yo también me olvidaré de tus hijos.

Oseas 4:6, LBLA

Por eso, desde el día en que lo supimos no hemos dejado de orar por ustedes. Pedimos que Dios les haga conocer plenamente su voluntad con toda sabiduría y comprensión espiritual.

Colosenses 1:9-10

> **La diferencia entre las personas está entre sus orejas. La diferencia entre tu presente y tu futuro está en la información.**

INTEGRIDAD

Que Él me pese en balanzas de justicia, y que Dios conozca mi integridad.

Job 31:6, LBLA

Dichoso el hombre que no sigue el consejo de los malvados, ni se detiene en la senda de los pecadores ni cultiva la amistad de los blasfemos, sino que en la ley del Señor se deleita, y día y noche medita en ella.

Salmo 1:1-2

El principio de la sabiduría es el temor del Señor; buen juicio demuestran quienes cumplen sus preceptos.

Salmo 111:10

Bien le va al que presta con generosidad, y maneja sus negocios con justicia.

Salmo 112:5

Los justos caminan con integridad; benditos son los hijos que siguen sus pasos.

Proverbios 20:7, NTV

Pero si ustedes tienen envidias amargas y rivalidades en el corazón, dejen de presumir y de faltar a la verdad.

Santiago 3:14

Nunca reescribas tu teología para ajustarla a un deseo.

JESÚS

Dará a luz un hijo, y le pondrás por nombre Jesús, porque él salvará a su pueblo de sus pecados.

Mateo 1:21

Hoy les ha nacido en la ciudad de David un Salvador, que es Cristo el Señor.

Lucas 2:11

Una vez más Jesús se dirigió a la gente, y les dijo:
—Yo soy la luz del mundo. El que me sigue no andará en tinieblas, sino que tendrá la luz de la vida.

Juan 8:12

Entonces Jesús le dijo:
—Yo soy la resurrección y la vida. El que cree en mí vivirá, aunque muera; y todo el que vive y cree en mí no morirá jamás.

Juan 11:25

—Yo soy el camino, la verdad y la vida —le contestó Jesús—. Nadie llega al Padre sino por mí.

Juan 14:6

Porque hay un solo Dios y un solo mediador entre Dios y los hombres, Jesucristo hombre.

1 Timoteo 2:5

> **Su mente es más sutil que la tuya; su memoria es mayor que la tuya; sus hombros son más fuertes que los tuyos.**

La **Biblia** en un **minuto** para **hombres**

JUSTICIA

Al que no cometió pecado alguno, por nosotros Dios lo trató como pecador, para que en él recibiéramos la justicia de Dios.

2 Corintios 5:21

No quiero mi propia justicia que procede de la ley, sino la que se obtiene mediante la fe en Cristo, la justicia que procede de Dios, basada en la fe.

Filipenses 3:9

Esta justicia de Dios llega, mediante la fe en Jesucristo, a todos los que creen. De hecho, no hay distinción.

Romanos 3:22

Sin embargo, al que no trabaja, sino que cree en el que justifica al malvado, se le toma en cuenta la fe como justicia.

Romanos 4:5

El producto de la justicia será la paz; tranquilidad y seguridad perpetuas serán su fruto.

Isaías 32:17

Tu integridad la recordarán por mucho más tiempo que tu producto.

LIDERAZGO

El Señor dirige los pasos de los justos; se deleita en cada detalle de su vida.

Salmo 37:23, NTV

El Señor Dios es nuestro sol y nuestro escudo; él nos da gracia y gloria.

Salmo 84:11, NTV

Porque tal como juzguen se les juzgará, y con la medida que midan a otros, se les medirá a ustedes.

Mateo 7:2

Porque todos los que son guiados por el Espíritu de Dios son hijos de Dios.

Romanos 8:14

Lo que me has oído decir en presencia de muchos testigos, encomiéndalo a creyentes dignos de confianza, que a su vez estén capacitados para enseñar a otros.

2 Timoteo 2:2

Los ancianos que dirigen bien los asuntos de la iglesia son dignos de doble honor, especialmente los que dedican sus esfuerzos a la predicación y a la enseñanza. Pues la Escritura dice: «No le pongas bozal al buey mientras esté trillando», y «El trabajador merece que se le pague su salario».

1 Timoteo 5:17-18

La capacidad para seguir a otros es la primera calificación para el liderazgo.

LOGROS

Ante ti, Señor, están todos mis deseos.

Salmo 38:9

El perezoso ambiciona, y nada consigue; el diligente ve cumplidos sus deseos.

Proverbios 13:4

Así es también la palabra que sale de mi boca: No volverá a mí vacía, sino que hará lo que yo deseo.

Isaías 55:11

Bueno es el SEÑOR para los que en Él esperan, para el alma que le busca.

Lamentaciones 3:25, LBLA

Por eso les digo: Crean que ya han recibido todo lo que estén pidiendo en oración, y lo obtendrán.

Marcos 11:24

En realidad, sin fe es imposible agradar a Dios, ya que cualquiera que se acerca a Dios tiene que creer que él existe y que recompensa a quienes lo buscan.

Hebreos 11:6

Toda la creación posee una orden invisible de Dios para multiplicarse y llegar a ser más.

MENTIRA

Odio a los que veneran ídolos vanos; yo, por mi parte, confío en ti, SEÑOR.

Salmo 31:6

La verdad resiste la prueba del tiempo; las mentiras pronto son desenmascaradas.

Proverbios 12:19, LBD

Dios los bendice a ustedes cuando la gente les hace burla y los persigue y miente acerca de ustedes y dice toda clase de cosas malas en su contra porque son mis seguidores.

Mateo 5:11, NTV

Por lo tanto, dejando la mentira, hable cada uno a su prójimo con la verdad, porque todos somos miembros de un mismo cuerpo.

Efesios 4:25

Los cobardes, incrédulos, abominables, asesinos, inmorales, hechiceros, idólatras y todos los mentirosos tendrán su herencia en el lago que arde con fuego y azufre, que es la muerte segunda.

Apocalipsis 21:8, LBLA

Los que mienten para ti, con el tiempo mentirán acerca de ti. Los que pecan contigo, con el tiempo pecarán en tu contra.

MILAGROS

Pidan, y se les dará; busquen, y encontrarán; llamen, y se les abriá.

Mateo 7:7

Y saben que Dios ungió a Jesús de Nazaret con el Espíritu Santo y con poder. Después Jesús anduvo haciendo el bien y sanando a todos los que eran oprimidos por el diablo, porque Dios estaba con él.

Hechos 10:38, NTV

«Les aseguro que si alguno le dice a este monte: "Quítate de ahí y tírate al mar", creyendo, sin abrigar la menor duda de que lo que dice sucederá, lo obtendrá. Por eso les digo: Crean que ya han recibido todo lo que estén pidiendo en oración, y lo obtendrán».

Marcos 11:23-24

Jesús entonces, deteniéndose, mandó traerle a su presencia; y cuando llegó, le preguntó, diciendo: ¿Qué quieres que te haga? Y él dijo: Señor, que reciba la vista. Jesús le dijo: Recíbela, tu fe te ha salvado. Y luego vio, y le seguía, glorificando a Dios; y todo el pueblo, cuando vio aquello, dio alabanza a Dios.

Lucas 18:40-43, RV-60

> **Jamás estás tan lejos de un milagro como parece al principio.**

MISIÓN

Que cada uno permanezca en la condición en que estaba cuando Dios lo llamó.

1 Corintios 7:20

Que el favor del Señor nuestro Dios esté sobre nosotros. Confirma en nosotros la obra de nuestras manos; sí, confirma la obra de nuestras manos.

Salmo 90:17

Ya sea que te desvíes a la derecha o a la izquierda, tus oídos percibirán a tus espaldas una voz que te dirá: «Este es el camino; síguelo».

Isaías 30:21

¿Has visto a alguien diligente en su trabajo? Se codeará con reyes, y nunca será un Don Nadie.

Proverbios 22:29

Porque no es de parte alguna de la tierra que vienen el ensalzamiento y el poder, sino de Dios. Él ensalza a uno y derriba a otro.

Salmo 75:6-7

> **Dios decide tu misión y tú la llevas a cabo. Es geográfica y siempre está dirigida a una persona o a un pueblo. Siempre es para resolver un problema de alguien.**

MOTIVACIÓN

Sean fuertes y valientes. No teman ni se asusten ante esas naciones, pues el Señor su Dios siempre los acompañará; nunca los dejará ni los abandonará.

Deuteronomio 31:6

Ya te lo he ordenado: ¡Sé fuerte y valiente! ¡No tengas miedo ni te desanimes! Porque el Señor tu Dios te acompañará dondequiera que vayas.

Josué 1:9

Él le dijo: No tengas miedo, porque más son los que están con nosotros que los que están con ellos.

2 Reyes 6:16, RV-60

Por ti derrotamos a nuestros enemigos; en tu nombre aplastamos a nuestros agresores.

Salmo 44:5

En cuanto a mí, busco la ayuda del Señor. Espero confiadamente que Dios me salve [...] Pues aunque caiga, me levantaré otra vez. Aunque esté en oscuridad, el Señor será mi luz.

Miqueas 7:7-8

Todo lo puedo en Cristo que me fortalece.

Filipenses 4:13

El descontento es el catalizador para el cambio. La intolerancia del presente crea un futuro diferente.

MURMURACIÓN

Al que en secreto calumnie a su prójimo, lo haré callar para siempre; al de ojos altivos y corazón soberbio no lo soportaré.

Salmo 101:5

SEÑOR, ponme en la boca un centinela; un guardia a la puerta de mis labios.

Salmo 141:3

Porque por tus palabras se te absolverá, y por tus palabras se te condenará.

Mateo 12:37

Eviten toda conversación obscena. Por el contrario, que sus palabras contribuyan a la necesaria edificación y sean de bendición para quienes escuchan.

Efesios 4:29

Y además, aprenden a estar ociosas, yendo de casa en casa; y no solo ociosas sino también charlatanas y entremetidas, hablando de cosas que no son dignas.

1 Timoteo 5:13

Mis queridos hermanos, tengan presente esto: Todos deben estar listos para escuchar, y ser lentos para hablar y para enojarse.

Santiago 1:19

> **La acusación falsa es la última etapa antes de que venga una promoción sobrenatural.**

NEGOCIOS

¡Anda, perezoso, fíjate en la hormiga! ¡Fíjate en lo que hace, y adquiere sabiduría! No tiene quien la mande, ni quien la vigile ni gobierne; con todo, en el verano almacena provisiones y durante la cosecha recoge alimentos.

Proverbios 6:6-8

El trabajo intenso da prosperidad; la vida regalona lleva a la pobreza.

Proverbios 28:19, LBD

En mi búsqueda de sabiduría observé cuando acontecía en toda la tierra: incesante actividad día y noche.

Eclesiastés 8:16, LBD

No se amolden al mundo actual, sino sean transformados mediante la renovación de su mente. Así podrán comprobar cuál es la voluntad de Dios, buena, agradable y perfecta.

Romanos 12:2

Pónganse como objetivo vivir una vida tranquila, ocúpense de sus propios asuntos y trabajen con sus manos, tal como los instruimos anteriormente.

1 Tesalonicenses 4:11, NTV

> **Si Dios es tu socio, tienes todos los medios para hacer grandes planes.**

OBEDIENCIA

Ahora bien, si me obedecen y cumplen mi pacto, ustedes serán mi tesoro especial entre todas las naciones de la tierra; porque toda la tierra me pertenece.

Éxodo 19:5, NTV

Si lo obedeces y cumples con todas mis instrucciones, seré enemigo de tus enemigos y me opondré a quienes se te opongan.

Éxodo 23:22

Hijos, obedezcan en el Señor a sus padres, porque esto es justo.

Efesios 6:1

Porque así como por la desobediencia de uno solo muchos fueron constituidos pecadores, también por la obediencia de uno solo muchos serán constituidos justos.

Romanos 5:19

Destruimos todo obstáculo de arrogancia que impide que la gente conozca a Dios. Capturamos los pensamientos rebeldes y enseñamos a las personas a obedecer a Cristo.

2 Corintios 10:5, NTV

Dios nunca te pondrá más adelante ni más allá de tu último acto de obediencia.

OPOSICIÓN

Guarda silencio ante el Señor, y espera en él con paciencia; no te irrites ante el éxito de otros, de los que maquinan planes malvados.

Salmo 37:7

En mi angustia invoqué al Señor, y él me respondió. Señor, líbrame de los labios mentirosos y de las lenguas embusteras.

Salmo 120:1-2

No prevalecerá ninguna arma que se forje contra ti; toda lengua que te acuse será refutada. Esta es la herencia de los siervos del Señor, la justicia que de mí procede —afirma el Señor.

Isaías 54:17

Él vendrá como una tempestuosa marea, impulsado por el aliento del Señor.

Isaías 59:19, NTV

Y a ustedes, ¿quién les va a hacer daño si se esfuerzan por hacer el bien?

1 Pedro 3:13

Depositen en él toda ansiedad, porque él cuida de ustedes.

1 Pedro 5:7

Satanás siempre ataca a los que están en fila y listos para una promoción.

ORACIÓN

¡Refúgiense en el Señor y en su fuerza, busquen siempre su presencia!

1 Crónicas 16:11

Si mi pueblo, que lleva mi nombre, se humilla y ora, y me busca y abandona su mala conducta, yo lo escucharé desde el cielo, perdonaré su pecado y restauraré su tierra.

2 Crónicas 7:14

Estén alerta y oren para que no caigan en tentación. El espíritu está dispuesto, pero el cuerpo es débil.

Mateo 26:41

Dedíquense a la oración: perseveren en ella con agradecimiento.

Colosenses 4:2

Oren sin cesar.

1 Tesalonicenses 5:17

La oración del justo es poderosa y eficaz.

Santiago 5:16

Una hora en la presencia de Dios te revelará cualquier imperfección que haya en tus planes elaborados con sumo cuidado.

PACIENCIA

Guarda silencio ante el Señor, y espera en él con paciencia; no te irrites ante el éxito de otros, de los que maquinan planes malvados.

Salmo 37:7

Puse en el Señor toda mi esperanza; él se inclinó hacia mí y escuchó mi clamor.

Salmo 40:1

Y no solo esto, sino que también nos gloriamos en las tribulaciones, sabiendo que la tribulación produce paciencia; y la paciencia, prueba; y la prueba, esperanza; y la esperanza no avergüenza; porque el amor de Dios ha sido derramado en nuestros corazones por el Espíritu Santo que nos fue dado.

Romanos 5:3-5

Gozosos en la esperanza; sufridos en la tribulación; constantes en la oración.

Romanos 12:12, RV-60

La prueba de vuestra fe produce paciencia. Mas tenga la paciencia su obra completa, para que seáis perfectos y cabales, sin que os falte cosa alguna.

Santiago 1:3-4, RV-60

> **La paciencia es el arma que obliga a la revelación del engaño.**

PAZ

En paz me acuesto y me duermo, porque sólo tú, Señor, me haces vivir confiado.

Salmo 4:8

Los que aman tus enseñanzas tienen mucha paz y no tropiezan.

Salmo 119:165, NTV

Al de carácter firme lo guardarás en perfecta paz, porque en ti confía [...] Señor, tú estableces la paz en favor nuestro, porque tú eres quien realiza todas nuestras obras.

Isaías 26:3, 12

La paz les dejo; mi paz les doy. Yo no se la doy a ustedes como la da el mundo. No se angustien ni se acobarden.

Juan 14:27

Porque el ocuparse de la carne es muerte, pero el ocuparse del Espíritu es vida y paz.

Romanos 8:6, RV-60

Mas el fruto del Espíritu es amor, gozo, paz, paciencia, benignidad, bondad, fe.

Gálatas 5:22, RV-60

Y el fruto de justicia se siembra en paz para aquellos que hacen la paz.

Santiago 3:18, RV-60

> **Paz no es la ausencia de conflicto, sino la ausencia de conflicto interior.**

PECADO

Olvida los pecados y transgresiones que cometí en mi juventud. Acuérdate de mí según tu gran amor, porque tú, Señor, eres bueno.

Salmo 25:7

Aparta tu rostro de mis pecados y borra toda mi maldad.

Salmo 51:9

Con todo mi corazón te he buscado; no dejes que me desvíe de tus mandamientos. En mi corazón he atesorado tu palabra, para no pecar contra ti.

Salmo 119:10-11, LBLA

Quien encubre su pecado jamás prospera; quien lo confiesa y lo deja, halla perdón.

Proverbios 28:13

Por cuanto todos pecaron, y están destituidos de la gloria de Dios.

Romanos 3:23, RV-60

Si confesamos nuestros pecados, Dios, que es fiel y justo, nos los perdonará y nos limpiará de toda maldad.

1 Juan 1:9

Lo que no puedes destruir en tu vida, con el tiempo te destruirá a ti.

PERDÓN

Es de sabios tener paciencia, y es más honroso perdonar la ofensa.

Proverbios 19:11, TLA

Si tu enemigo tiene hambre, dale de comer pan, y si tiene sed, dale de beber agua.

Proverbios 25:21, LBLA

Dichosos los compasivos, porque serán tratados con compasión.

Mateo 5:7

Pero yo les digo: No resistan al que les haga mal. Si alguien te da una bofetada en la mejilla derecha, vuélvele también la otra.

Mateo 5:39

Pero si no perdonan a otros sus ofensas, tampoco su Padre les perdonará a ustedes las suyas.

Mateo 6:15

Más bien, sean bondadosos y compasivos unos con otros, y perdónense mutuamente, así como Dios los perdonó a ustedes en Cristo.

Efesios 4:32

Sean tolerantes los unos con los otros, y si alguien tiene alguna queja contra otro, perdónense, así como el Señor los ha perdonado a ustedes.

Colosenses 3:13, TLA

**La misericordia es como el dinero.
Tus depósitos determinan tus retiros.**

PENSAMIENTOS

Muchas son, Señor mi Dios, las maravillas que tú has hecho. No es posible enumerar tus bondades en favor nuestro. Si quisiera anunciarlas y proclamarlas, serían más de lo que puedo contar.

Salmo 40:5

La mente del bueno está llena de pensamientos honorables; el malo tiene la cabeza llena de engaños.

Proverbios 12:5, LBD

Porque cual es su pensamiento en su corazón, tal es él.

Proverbios 23:7, RV-60

Porque yo sé los pensamientos que tengo acerca de vosotros, dice Jehová, pensamientos de paz, y no de mal, para daros el fin que esperáis.

Jeremías 29:11, RV-60

Y ahora, amados hermanos, una cosa más para terminar. Concéntrense en todo lo que es verdadero, todo lo honorable, todo lo justo, todo lo puro, todo lo bello y todo lo admirable. Piensen en cosas excelentes y dignas de alabanza.

Filipenses 4:8, NTV

Los perdedores se fijan en lo que están atravesando, mientras que los triunfadores se fijan hacia dónde se dirigen.

PENSAMIENTOS SUICIDAS

No matarás.

Éxodo 20:13

El Señor es mi luz y mi salvación; ¿a quién temeré? [...]
Aun cuando un ejército me asedie, no temerá mi corazón; aun cuando una guerra estalle contra mí, yo mantendré la confianza [...] Porque en el día de la aflicción
él me resguardará en su morada; al amparo de su tabernáculo me protegerá, y me pondrá en alto, sobre
una roca.

Salmo 27:1, 3, 5

En mi corazón atesoro tus dichos para no pecar contra
ti.

Salmo 119:11

Estoy convencido de esto: el que comenzó tan buena
obra en ustedes la irá perfeccionando hasta el día de
Cristo Jesús.

Filipenses 1:6

El llanto puede durar toda la noche, pero a la mañana
vendrá el grito de alegría.

Salmo 30:5, LBLA

> **Lo que piensas determina lo que sientes.**
> **Cuando cambias tus pensamientos,**
> **cambias tus sentimientos.**

PLANIFICACIÓN

En todo lo que hagas, pon a Dios en primer lugar, y Él te guiará, y coronará de éxito tus esfuerzos.

Proverbios 3:6, LBD

La falta de consejeros frustra los planes; la abundancia de consejeros los lleva al éxito.

Proverbios 15:22, LBD

Vale más humillarse con los oprimidos que compartir el botín con los orgullosos.

Proverbios 16:19

Cuando las cosas se piensan bien, el resultado es provechoso. Cuando se hacen a la carrera, el resultado es desastroso.

Proverbios 21:5, TLA

El noble, por el contrario, concibe nobles planes, y en sus nobles acciones se afirma.

Isaías 32:8

Porque yo sé muy bien los planes que tengo para ustedes —afirma el Señor—, planes de bienestar y no de calamidad, a fin de darles un futuro y una esperanza

Jeremías 29:11

La época para la investigación no es la época para el mercadeo.

PREOCUPACIÓN

Vivirás tranquilo, porque hay esperanza; estarás protegido y dormirás confiado.

Job 11:18

No te alteres por causa de los malvados, ni sientas envidia de los impíos.

Proverbios 24:19

Serás establecida en justicia; lejos de ti estará la opresión, y nada tendrás que temer; el terror se apartará de ti, y no se te acercará.

Isaías 54:14

No se inquieten por nada; más bien, en toda ocasión, con oración y ruego, presenten sus peticiones a Dios y denle gracias. Y la paz de Dios, que sobrepasa todo entendimiento, cuidará sus corazones y sus pensamientos en Cristo Jesús. Por último, hermanos, consideren bien todo lo verdadero, todo lo respetable, todo lo justo, todo lo puro, todo lo amable, todo lo digno de admiración, en fin, todo lo que sea excelente o merezca elogio.

Filipenses 4:6-8

Por eso, no tengan miedo. Ustedes valen mucho más que todos los pajaritos.

Mateo 10:31, TLA

Nada es tan malo como parece.

PRESIÓN DE LOS DEMÁS

«Si tu propio hermano, o tu hijo, o tu hija, o tu esposa amada, o tu amigo íntimo, trata de engañarte y en secreto te insinúa: "Vayamos a rendir culto a otros dioses", dioses que ni tú ni tus padres conocieron, dioses de pueblos cercanos o lejanos que abarcan toda la tierra, no te dejes engañar ni le hagas caso. Tampoco le tengas lástima. No te compadezcas de él ni lo encubras».

Deuteronomio 13:6-8

Hijo mío, si los pecadores quieren engañarte, no vayas con ellos. Éstos te dirán: «¡Ven con nosotros! Acechemos a algún inocente y démonos el gusto de matar a algún incauto; traguémonos a alguien vivo, como se traga el sepulcro a la gente; devorémoslo entero, como devora la fosa a los muertos. Obtendremos toda clase de riquezas; con el botín llenaremos nuestras casas. Comparte tu suerte con nosotros, y compartiremos contigo lo que obtengamos». ¡Pero no te dejes llevar por ellos, hijo mío! ¡Apártate de sus senderos!

Proverbios 1:10-15

Porque no tenemos un sumo sacerdote incapaz de compadecerse de nuestras debilidades, sino uno que ha sido tentado en todo de la misma manera que nosotros, aunque sin pecado.

Hebreos 4:15

> **El punto de entrada favorito de Satanás a tu vida es siempre por medio de alguien cercano a ti.**

PRODUCTIVIDAD

Si el Señor no edifica la casa, en vano se esfuerzan los albañiles. Si el Señor no cuida la ciudad, en vano hacen guardia los vigilantes.

Salmo 127:1

Pero las otras semillas cayeron en buen terreno. Brotaron, crecieron y produjeron una cosecha que rindió el treinta, el sesenta y hasta el ciento por uno.

Marcos 4:8

Ciertamente les aseguro que si el grano de trigo no cae en tierra y muere, se queda solo. Pero si muere, produce mucho fruto.

Juan 12:24

Yo soy la vid y ustedes son las ramas. El que permanece en mí, como yo en él, dará mucho fruto; separados de mí no pueden ustedes hacer nada [...] Mi Padre es glorificado cuando ustedes dan mucho fruto y muestran así que son mis discípulos.

Juan 15:5, 8

Entonces la forma en que vivan siempre honrará y agradará al Señor, y sus vidas producirán toda clase de buenos frutos. Mientras tanto, irán creciendo a medida que aprendan a conocer a Dios más y más.

Colosenses 1:10, NTV

La calidad de tu preparación determina la calidad de tu desempeño.

PROGRAMACIÓN

Encomienda al Señor tu camino; confía en él, y él actuará.

Salmo 37:5

Que el favor del Señor nuestro Dios esté sobre nosotros. Confirma en nosotros la obra de nuestras manos; sí, confirma la obra de nuestras manos.

Salmo 90:17

No nos cansemos, pues, de hacer bien; porque a su tiempo segaremos, si no desmayamos.

Gálatas 6:9, RV-60

Aprovechando bien el tiempo, porque los días son malos.

Efesios 5:16, RV-60

Tus propios oídos lo escucharán. Detrás de ti, una voz dirá: «Este es el camino por el que debes ir», ya sea a la derecha o a la izquierda.

Isaías 30:21, NTV

Pues la visión se realizará en el tiempo señalado; marcha hacia su cumplimiento, y no dejará de cumplirse. Aunque parezca tardar, espérala; porque sin falta vendrá.

Habacuc 2:3

Los que no respetan tu tiempo, tampoco respetarán tu sabiduría.

PROMOCIÓN

La exaltación no viene del oriente, ni del occidente ni del sur, sino que es Dios el que juzga: a unos humilla y a otros exalta.

Salmo 75:6-7

Los sabios son llevados a honra, pero los necios son llevados a vergüenza.

Proverbios 3:35, LBD

La sabiduría es lo primero. ¡Adquiere sabiduría! Por sobre todas las cosas, adquiere discernimiento. Estima a la sabiduría, y ella te exaltará; abrázala, y ella te honrará; te pondrá en la cabeza una hermosa diadema; te obsequiará una bella corona.

Proverbios 4:7-9

SEÑOR, yo sé que el hombre no es dueño de su destino, que no le es dado al caminante dirigir sus propios pasos.

Jeremías 10:23

Prosigo a la meta, al premio del supremo llamamiento de Dios en Cristo Jesús.

Filipenses 3:14, RV-60

Alguien está observándote siempre, el cual es capaz de bendecirte en gran medida. Nunca te promoverá hasta que tengas una alta calificación en tu actual posición.

PROSPERIDAD

Dichoso el hombre que no sigue el consejo de los malvados, ni se detiene en la senda de los pecadores ni cultiva la amistad de los blasfemos, sino que en la ley del Señor se deleita, y día y noche medita en ella. Es como el árbol plantado a la orilla de un río que, cuando llega su tiempo, da fruto y sus hojas jamás se marchitan. ¡Todo cuanto hace prospera!

Salmo 1:1-3

Si ellos le obedecen y le sirven, pasan el resto de su vida en prosperidad, pasan felices los años que les quedan.

Job 36:11

Amado, yo deseo que tú seas prosperado en todas las cosas, y que tengas salud, así como prospera tu alma.

3 Juan 2, RV-60

Cumple cuidadosamente los mandamientos del Señor tu Dios, y los mandatos y preceptos que te ha dado [...] para que te vaya bien y tomes posesión de la buena tierra que el Señor les juró a tus antepasados.

Deuteronomio 6:17-18

Prosperidad es tener suficiente de la provisión de Dios para cumplir todas sus instrucciones para la vida.

PROTECCIÓN

Aunque ande en valle de sombra de muerte, no temeré mal alguno, porque tú estarás conmigo; tu vara y tu cayado me infundirán aliento. Aderezas mesa delante de mí en presencia de mis angustiadores; unges mi cabeza con aceite; mi copa está rebosando.

Salmo 23:4-5, RV-60

El que habita al abrigo del Altísimo se acoge a la sombra del Todopoderoso. Yo le digo al Señor: «Tú eres mi refugio, mi fortaleza, el Dios en quien confío» [...] pues te cubrirá con sus plumas y bajo sus alas hallarás refugio. ¡Su verdad será tu escudo y tu baluarte! No temerás el terror de la noche, ni la flecha que vuela de día, ni la peste que acecha en las sombras ni la plaga que destruye a mediodía. Podrán caer mil a tu izquierda, y diez mil a tu derecha, pero a ti no te afectará [...] ningún mal habrá de sobrevenirte, ninguna calamidad llegará a tu hogar. Porque él ordenará que sus ángeles te cuiden en todos tus caminos.

Salmo 91:1, 4-7, 10-11

Exterminaré a la langosta, para que no arruine sus cultivos y las vides en los campos no pierdan su fruto —dice el Señor Todopoderoso.

Malaquías 3:11

La protección surge de la asociación.

RACISMO

Este mandamiento nuevo les doy: que se amen los unos a los otros. Así como yo los he amado, también ustedes deben amarse los unos a los otros.

Juan 13:34

Ya no hay judío ni griego, esclavo ni libre, hombre ni mujer, sino que todos ustedes son uno solo en Cristo Jesús.

Gálatas 3:28

Lleven una vida de amor, así como Cristo nos amó y se entregó por nosotros como ofrenda y sacrificio fragante para Dios.

Efesios 5:2

Mas el que hace injusticia, recibirá la injusticia que hiciere, porque no hay acepción de personas.

Colosenses 3:25, RV-60

Por supuesto, hacen bien cuando obedecen la ley suprema tal como aparece en las Escrituras: «Ama a tu prójimo como a ti mismo», pero si favorecen más a algunas personas que a otras, cometen pecado. Son culpables de violar la ley.

Santiago 2:8-9, NTV

Tu importancia no está en tu semejanza con otro, sino en tu diferencia de otro.

RECHAZO

¡Fíjense qué gran amor nos ha dado el Padre, que se nos llame hijos de Dios! ¡Y lo somos! El mundo no nos conoce, precisamente porque no lo conoció a él.

1 Juan 3:1

No nos cansemos de hacer el bien, porque a su debido tiempo cosecharemos si no nos damos por vencidos.

Gálatas 6:9

El hombre que tiene amigos ha de mostrarse amigo; y amigo hay más unido que un hermano.

Proverbios 18:24, RV-60

El Señor no rechazará a su pueblo; no dejará a su herencia en el abandono.

Salmo 94:14

Todos los que el Padre me da vendrán a mí; y al que a mí viene, no lo rechazo. Porque he bajado del cielo no para hacer mi voluntad sino la del que me envió. Y esta es la voluntad del que me envió: que yo no pierda nada de lo que él me ha dado, sino que lo resucite en el día final.

Juan 6:37-39

Los que crearon el dolor de ayer, no controlan el potencial de mañana.

RELACIONES SEXUALES

El hombre que se niega a reconocer sus errores jamás podrá triunfar; pero si los confiesa y los corrige, tendrá una nueva oportunidad.

Proverbios 28:13, LBD

Huyan de la inmoralidad sexual. Todos los demás pecados que una persona comete quedan fuera de su cuerpo; pero el que comete inmoralidades sexuales peca contra su propio cuerpo.

1 Corintios 6:18

¿No saben que ustedes son templo de Dios y que el Espíritu de Dios habita en ustedes? Si alguno destruye el templo de Dios, él mismo será destruido por Dios; porque el templo de Dios es sagrado, y ustedes son ese templo.

1 Corintios 3:16-17

Pero en vista de tanta inmoralidad, cada hombre debe tener su propia esposa, y cada mujer su propio esposo.

1 Corintios 7:2

Ustedes no han sufrido ninguna tentación que no sea común al género humano. Pero Dios es fiel, y no permitirá que ustedes sean tentados más allá de lo que puedan aguantar. Más bien, cuando llegue la tentación, él les dará también una salida a fin de que puedan resistir.

1 Corintios 10:13

Poder es la capacidad de alejarte de algo que deseas, a fin de proteger algo que amas.

REPUTACIÓN

Dichoso el hombre que no sigue el consejo de los malvados, ni se detiene en la senda de los pecadores ni cultiva la amistad de los blasfemos, sino que en la ley del Señor se deleita, y día y noche medita en ella.

Salmo 1:1-2

Todas las sendas del Señor son amor y verdad para quienes cumplen los preceptos de su pacto [...] Sean mi protección la integridad y la rectitud, porque en ti he puesto mi esperanza.

Salmo 25:10, 21

Yo, en cambio, llevo una vida intachable; líbrame y compadécete de mí.

Salmo 26:11

Sino que se despojó a sí mismo, tomando forma de siervo, hecho semejante a los hombres; y estando en la condición de hombre, se humilló a sí mismo, haciéndose obediente hasta la muerte, y muerte de cruz.

Filipenses 2:7-8, RV-60

Dios bendice a quienes lo obedecen; dichoso el hombre que pone su confianza en el Señor.

Proverbios 16:20, LBD

Te recordarán por el dolor o por la alegría que causaste.

RESPONSABILIDAD

El fin de este asunto es que ya se ha escuchado todo. Teme, pues, a Dios y cumple sus mandamientos, porque esto es todo para el hombre.

Eclesiastés 12:13

Ustedes son la sal de la tierra. Pero si la sal se vuelve insípida, ¿cómo recobrará su sabor? Ya no sirve para nada, sino para que la gente la deseche y la pisotee. Ustedes son la luz del mundo. Una ciudad en lo alto de una colina no puede esconderse. Ni se enciende una lámpara para cubrirla con un cajón. Por el contrario, se pone en la repisa para que alumbre a todos los que están en la casa. Hagan brillar su luz delante de todos, para que ellos puedan ver las buenas obras de ustedes y alaben al Padre que está en el cielo [...] Todo el que infrinja uno solo de estos mandamientos, por pequeño que sea, y enseñe a otros a hacer lo mismo, será considerado el más pequeño en el reino de los cielos; pero el que los practique y enseñe será considerado grande en el reino de los cielos.

Mateo 5:13-16, 19

Entonces Jesús dijo a sus discípulos: Si alguno quiere venir en pos de mí, niéguese a sí mismo, y tome su cruz, y sígame.

Mateo 16:24, RV-60

Cuando haces lo que puedes, Dios hace lo que no puedes.

RIQUEZA

¡Aleluya! Cuán bienaventurado es el hombre que teme al Señor, que mucho se deleita en sus mandamientos. Poderosa en la tierra será su descendencia; la generación de los rectos será bendita. Bienes y riquezas hay en su casa, y su justicia permanece para siempre.

Salmo 112:1-3, LBLA

Bienaventurado el hombre que halla sabiduría y el hombre que adquiere entendimiento [...] Larga vida hay en su mano derecha, en su mano izquierda, riquezas y honra.

Proverbios 3:13, 16, LBLA

El hombre de bien deja herencia a sus nietos; las riquezas del pecador se quedan para los justos.

Proverbios 13:22

Recuerda al Señor tu Dios, porque es él quien te da el poder para producir esa riqueza; así ha confirmado hoy el pacto que bajo juramento hizo con tus antepasados.

Deuteronomio 8:18

Algunos se preocupan por la salida de cada centavo, otros se preocupan por la entrada de cada dólar. La persona sabia se preocupa de ambas cosas.

SABIDURÍA

Sabiduría y conocimiento te han sido concedidos. Y te daré riquezas y bienes y gloria, tales como no las tuvieron ninguno de los reyes que fueron antes de ti, ni los que vendrán después de ti.

2 Crónicas 1:12, LBLA

El principio de la sabiduría es el temor del Señor; buen juicio demuestran quienes cumplen sus preceptos.

Salmo 111:10

La sabiduría es lo primero. ¡Adquiere sabiduría! Por sobre todas las cosas, adquiere discernimiento. Estima a la sabiduría, y ella te exaltará.

Proverbios 4:7-8

Si a alguno de ustedes le falta sabiduría, pídasela a Dios, y él se la dará, pues Dios da a todos generosamente sin menospreciar a nadie.

Santiago 1:5

Bienaventurado el hombre que halla sabiduría y el hombre que adquiere entendimiento.

Proverbios 3:13, LBLA

> **La sabiduría es la única necesidad real que tendrás siempre.**

SALUD

Él sana a los quebrantados de corazón, y venda sus heridas.

Salmo 147:3, RV-60

Hijo mío, atiende a mis consejos; escucha atentamente lo que digo. No pierdas de vista mis palabras; guárdalas muy dentro de tu corazón. Ellas dan vida a quienes las hallan; son la salud del cuerpo.

Proverbios 4:20-22

Panal de miel son las palabras amables: endulzan la vida y dan salud al cuerpo.

Proverbios 16:24

El corazón alegre sana como medicina, pero el espíritu abatido enferma.

Proverbios 17:22, LBD

Amado, ruego que seas prosperado en todo así como prospera tu alma, y que tengas buena salud.

3 Juan 2, LBLA

Yo soy el Señor, que les devuelve la salud.

Éxodo 15:26

Te devolveré la salud y sanaré tus heridas —dice el Señor.

Jeremías 30:17, NTV

> **La longevidad es el resultado de la sabiduría.**

SALVACIÓN

Todos andábamos perdidos, como ovejas; cada uno seguía su propio camino, pero el Señor hizo recaer sobre él la iniquidad de todos nosotros.

Isaías 53:6

Mas a cuantos lo recibieron, a los que creen en su nombre, les dio el derecho de ser hijos de Dios.

Juan 1:12

Al que a mí viene, no lo rechazo.

Juan 6:37

—Cree en el Señor Jesús; así tú y tu familia serán salvos —le contestaron..

Hechos 16:31

Por cuanto todos pecaron, y están destituidos de la gloria de Dios.

Romanos 3:23, RV-60

Si confiesas con tu boca que Jesús es el Señor, y crees en tu corazón que Dios lo levantó de entre los muertos, serás salvo. Porque con el corazón se cree para ser justificado, pero con la boca se confiesa para ser salvo.

Romanos 10:9-10

> **Dios nunca consulta tu pasado para determinar tu futuro.**

SOLEDAD

Yo estoy contigo. Te protegeré por dondequiera que vayas, y te traeré de vuelta a esta tierra. No te abandonaré hasta cumplir con todo lo que te he prometido.

Génesis 28:15

El Señor mismo marchará al frente de ti y estará contigo; nunca te dejará ni te abandonará. No temas ni te desanimes.

Deuteronomio 31:8

Aun cuando yo pase por el valle oscuro, no temeré, porque tú estás a mi lado. Tu vara y tu cayado me protegen y me confortan.

Salmo 23:4, NTV

Aunque mi padre y mi madre me abandonen, el Señor me recibirá en sus brazos.

Salmo 27:10

No los voy a dejar huérfanos; volveré a ustedes.

Juan 14:18

Dios ha dicho: «Nunca te dejaré; jamás te abandonaré».

Hebreos 13:5

Depositen en él toda ansiedad, porque él cuida de ustedes.

1 Pedro 5:7

La soledad no es ausencia de afecto, sino ausencia de dirección.

SOLUCIÓN DE PROBLEMAS

Porque no tenemos un sumo sacerdote incapaz de compadecerse de nuestras debilidades, sino uno que ha sido tentado en todo de la misma manera que nosotros, aunque sin pecado. Así que acerquémonos confiadamente al trono de la gracia para recibir misericordia y hallar la gracia que nos ayude en el momento que más la necesitemos.

Hebreos 4:15-16

Supongamos que alguno de ustedes quiere construir una torre. ¿Acaso no se sienta primero a calcular el costo, para ver si tiene suficiente dinero para terminarla?

Lucas 14:28

Y si sabemos que Dios oye todas nuestras oraciones, podemos estar seguros de que ya tenemos lo que le hemos pedido.

1 Juan 5:15

> En la vida te recordarán por los problemas que resuelves y por los problemas que causas. Solo te buscarán por los problemas que resuelves. El problema que más te irrita es el problema que Dios te ha asignado para que lo resuelvas.

SUPERACIÓN

No seas vencido de lo malo, sino vence con el bien el mal.

Romanos 12:21, RV-60

Les escribo a ustedes, jóvenes, porque han vencido al maligno. Les he escrito a ustedes, queridos hijos, porque han conocido al Padre.

1 Juan 2:13

Ustedes, queridos hijos, son de Dios y han vencido a esos falsos profetas, porque el que está en ustedes es más poderoso que el que está en el mundo.

1 Juan 4:4

Al que salga vencedor le daré derecho a comer del árbol de la vida, que está en el paraíso de Dios.

Apocalipsis 2:7

Al que salga vencedor le daré el derecho de sentarse conmigo en mi trono, como también yo vencí y me senté con mi Padre en su trono.

Apocalipsis 3:21

El que salga vencedor heredará todo esto, y yo seré su Dios y él será mi hijo.

Apocalipsis 21:7

Lo que no puedes dominar en tu vida, con el tiempo te dominará a ti.

TEMOR

Sean fuertes y valientes. No teman ni se asusten ante esas naciones, pues el Señor su Dios siempre los acompañará; nunca los dejará ni los abandonará.

Deuteronomio 31:6

¡Dios es mi salvación! Confiaré en él y no temeré. El Señor es mi fuerza, el Señor es mi canción; ¡él es mi salvación!

Isaías 12:2

Así que no temas, porque yo estoy contigo; no te angusties, porque yo soy tu Dios. Te fortaleceré y te ayudaré; te sostendré con mi diestra victoriosa.

Isaías 41:10

Y ustedes no recibieron un espíritu que de nuevo los esclavice al miedo, sino el Espíritu que los adopta como hijos y les permite clamar: «¡*Abba!* ¡Padre!».

Romanos 8:15

Dios no nos ha dado un espíritu de temor y timidez sino de poder, amor y autodisciplina.

2 Timoteo 1:7, NTV

Examina bien de qué huyes. No eres presa de nadie. Tu futuro está a tus pies implorando que le des instrucciones.

TENTACIÓN

He guardado tu palabra en mi corazón, para no pecar
contra ti.

Salmo 119:11, NTV

Ustedes no han sufrido ninguna tentación que no sea
común al género humano. Pero Dios es fiel, y no permitirá que ustedes sean tentados más allá de lo que puedan aguantar. Más bien, cuando llegue la tentación, él
les dará también una salida a fin de que puedan resistir.

1 Corintios 10:13

Pónganse toda la armadura de Dios para que puedan
hacer frente a las artimañas del diablo [...] Además de
todo esto, tomen el escudo de la fe, con el cual pueden
apagar todas las flechas encendidas del maligno.

Efesios 6:11, 16

El Señor, entonces, sabe rescatar de tentación a los piadosos, y reservar a los injustos bajo castigo para el día
del juicio.

2 Pedro 2:9, LBLA

Él vendrá como una tempestuosa marea, impulsado
por el aliento del SEÑOR.

Isaías 59:19, NTV

**Aquello de lo que quieras alejarte,
determina lo que Dios traerá a ti.**

TOMA DE DECISIONES

Pero si a ustedes les parece mal servir al Señor, elijan ustedes mismos a quiénes van a servir: a los dioses que sirvieron sus antepasados al otro lado del río Éufrates, o a los dioses de los amorreos, en cuya tierra ustedes ahora habitan. Por mi parte, mi familia y yo serviremos al Señor.

Josué 24:15

Confía en el Señor de todo corazón, y no en tu propia inteligencia. Reconócelo en todos tus caminos, y él allanará tus sendas.

Proverbios 3:5-6

Daniel se propuso no contaminarse con la comida y el vino del rey, así que le pidió al jefe de oficiales que no lo obligara a contaminarse.

Daniel 1:8

Cada uno debe dar según lo que haya decidido en su corazón, no de mala gana ni por obligación, porque Dios ama al que da con alegría.

2 Corintios 9:7

> **Los triunfadores toman decisiones que crean el futuro que desean, mientras que los perdedores toman decisiones que crean el presente que desean.**

TRABAJO

Trabajen durante seis días, pero el séptimo día, el sábado, será para ustedes un día de reposo consagrado al Señor.

Éxodo 35:2

El Señor tu Dios te bendiga en toda obra de tus manos.
Deuteronomio 24:19, LBLA

¡Manos a la obra, que yo estoy con ustedes! —afirma el Señor Todopoderoso.

Hageo 2:4

El pueblo tuvo ánimo para trabajar.
Nehemías 4:6, LBLA

El trabajador merece que se le dé su sustento.
Mateo 10:10

Trabaja seis días, y haz en ellos todo lo que tengas que hacer.

Éxodo 20:9

Ahora bien, a los que reciben un encargo se les exige que demuestren ser dignos de confianza.
1 Corintios 4:2

¿Has visto a alguien diligente en su trabajo? Se codeará con reyes, y nunca será un Don Nadie.
Proverbios 22:29

> **El dinero es solo una remuneración para resolver problemas.**

TRABAJO EN EQUIPO

¡Cuán bueno y cuán agradable es que los hermanos convivan en armonía!

Salmo 133:1

Más valen dos que uno, porque obtienen más fruto de su esfuerzo. Si caen, el uno levanta al otro. ¡Ay del que cae y no tiene quien lo levante! Uno solo puede ser vencido, pero dos pueden resistir. ¡La cuerda de tres hilos no se rompe fácilmente!

Eclesiastés 4:9-10, 12

Además les digo que si dos de ustedes en la tierra se ponen de acuerdo sobre cualquier cosa que pidan, les será concedida por mi Padre que está en el cielo.

Mateo 18:19

Cuando llegó el día de Pentecostés, estaban todos juntos en el mismo lugar.

Hechos 2:1

Recuerden que el Señor recompensará a cada uno de nosotros por el bien que hagamos.

Efesios 6:8, NTV

> **Lo que hagas que suceda para otros, Dios hará que suceda para ti.**

TRISTEZA

Hermanos, no queremos que ignoren lo que va a pasar con los que ya han muerto, para que no se entristezcan como esos otros que no tienen esperanza. ¿Acaso no creemos que Jesús murió y resucitó? Así también Dios resucitará con Jesús a los que han muerto en unión con él.

1 Tesalonicenses 4:13-14

El Señor consuela a su pueblo y tiene compasión de sus pobres.

Isaías 49:13

Cuando cruces las aguas, yo estaré contigo; cuando cruces los ríos, no te cubrirán sus aguas; cuando camines por el fuego, no te quemarás ni te abrasarán las llamas.

Isaías 43:2

Dios bendice a los que sufren, pues él los consolará.

Mateo 5:4, TLA

Tus promesas me dan vida; me consuelan en mi dolor.

Salmo 119:50, TLA

La adversidad es el terreno de cultivo para los milagros.

TRIUNFO

Entonces Moisés y los israelitas entonaron un cántico en honor del Señor, que a la letra decía: Cantaré al Señor, que se ha coronado de triunfo arrojando al mar caballos y jinetes.

Éxodo 15:1

La semilla de las buenas acciones se transforma en un árbol de vida; una persona sabia gana amigos.

Proverbios 11:30, NTV

Yo mismo les daré tal elocuencia y sabiduría para responder, que ningún adversario podrá resistirles ni contradecirles.

Lucas 21:15

Ustedes, queridos hijos, son de Dios y han vencido a esos falsos profetas, porque el que está en ustedes es más poderoso que el que está en el mundo.

1 Juan 4:4

Con halagos hará apostatar a los que obran inicuamente hacia el pacto, mas el pueblo que conoce a su Dios se mostrará fuerte y actuará.

Daniel 11:32, LBLA

Así que el ángel me dijo: «Esta es la palabra del Señor para Zorobabel: "No será por la fuerza ni por ningún poder, sino por mi Espíritu», dice el Señor Todopoderoso.

Zacarías 4:6

El primer paso hacia el éxito es la voluntad para escuchar.

VALOR

Sean fuertes y valientes. No teman ni se asusten ante esas naciones, pues el Señor su Dios siempre los acompañará; nunca los dejará ni los abandonará.

Deuteronomio 31:6

Ya te lo he ordenado: ¡Sé fuerte y valiente! ¡No tengas miedo ni te desanimes! Porque el Señor tu Dios te acompañará dondequiera que vayas.

Josué 1:9

Cobren ánimo y ármense de valor, todos los que en el Señor esperan.

Salmo 31:24

No te sucederá ningún mal, ni plaga se acercará a tu morada.

Salmo 91:10, LBLA

Así que no temas, porque yo estoy contigo; no te angusties, porque yo soy tu Dios. Te fortaleceré y te ayudaré; te sostendré con mi diestra victoriosa.

Isaías 41:10

Todo lo puedo en Cristo que me fortalece.

Filipenses 4:13

Los ganadores son solo ex perdedores que se enloquecieron.

VERDAD

Todas las sendas del Señor son amor y verdad para quienes cumplen los preceptos de su pacto.

Salmo 25:10

Jesús le dijo: Yo soy el camino, y la verdad, y la vida; nadie viene al Padre sino por mí.

Juan 14:6, RV-60

Por último, hermanos, consideren bien todo lo verdadero, todo lo respetable, todo lo justo, todo lo puro, todo lo amable, todo lo digno de admiración, en fin, todo lo que sea excelente o merezca elogio.

Filipenses 4:8

Ahora que se han purificado obedeciendo a la verdad y tienen un amor sincero por sus hermanos, ámense de todo corazón los unos a los otros.

1 Pedro 1:22

Dios no es un simple mortal para mentir y cambiar de parecer. ¿Acaso no cumple lo que promete ni lleva a cabo lo que dice?

Números 23:19

> **La verdad es lo más poderoso en la tierra porque es lo único que no admite cambio.**

VICTORIA

Entonces Moisés y los israelitas entonaron un cántico en honor del Señor, que a la letra decía: Cantaré al Señor, que se ha coronado de triunfo arrojando al mar caballos y jinetes.

Éxodo 15:1

Mi Dios, en ti confío; no permitas que sea yo humillado, no dejes que mis enemigos se burlen de mí.

Salmo 25:2

Tú, Señor, me llenas de alegría con tus maravillas; por eso alabaré jubiloso las obras de tus manos.

Salmo 92:4

Sálvanos, Señor, Dios nuestro; vuelve a reunirnos de entre las naciones, para que demos gracias a tu santo nombre y orgullosos te alabemos.

Salmo 106:47

Ellos lo han vencido por medio de la sangre del Cordero y por el mensaje del cual dieron testimonio; no valoraron tanto su vida como para evitar la muerte.

Apocalipsis 12:11

Todo lo puedo en Cristo que me fortalece.

Filipenses 4:13

> **Los triunfadores son simplemente los que hacen un intento extra.**

VISIÓN

Algunas veces en sueños, otras veces en visiones noc-
turnas, cuando caemos en un sopor profundo, o cuando dormitamos en el lecho, él nos habla al oído y nos
aterra con sus advertencias, para apartarnos de hacer
lo malo y alejarnos de la soberbia.

Job 33:15-17

Cuando no hay conocimiento de Dios, el pueblo se
desboca; pero qué admirable es la nación que conoce
y cumple las leyes divinas.

Proverbios 29:18, LBD

Escribe la visión, y haz que resalte claramente en las
tablillas [...] Pues la visión se realizará en el tiempo señalado; marcha hacia su cumplimiento, y no dejará de
cumplirse. Aunque parezca tardar, espérala; porque sin
falta vendrá.

Habacuc 2:2-3

Ensancha el sitio de tu cabaña, y las cortinas de tus
tiendas sean extendidas; no seas escasa; alarga tus
cuerdas, y fortifica tus estacas.

Isaías 54:2, RV-09

Después de esto, derramaré mi Espíritu sobre todo el
género humano. Los hijos y las hijas de ustedes pro-
fetizarán, tendrán sueños los ancianos y visiones los
jóvenes.

Joel 2:28

**Deja de mirar dónde estás y comienza a
mirar dónde puedes estar.**

VOTOS

Cuando hagas un voto al Señor tu Dios, no tardarás en pagarlo, porque el Señor tu Dios ciertamente te lo reclamará y sería pecado en ti.

Deuteronomio 23:21, LBLA

Cuando un hombre haga un voto al Señor, o bajo juramento haga un compromiso, no deberá faltar a su palabra sino que cumplirá con todo lo prometido.

Números 30:2

Hagan votos al Señor su Dios, y cúmplanlos; que todos los países vecinos paguen tributo al Dios temible.

Salmo 76:11

Cuando le ayudas al pobre a Dios le prestas; y Él paga admirables intereses sobre tu préstamo.

Proverbios 19:17, LBD

Vale más no hacer votos que hacerlos y no cumplirlos.

Eclesiastés 5:5

> **Las olas de los votos quebrantados del ayer,
> se romperán contra las orillas del mañana.**

¿Cuál es tu decisión?

Si nunca has recibido a Jesucristo como tu Señor y Salvador personal, ¿por qué no lo haces ahora? Solo pronuncia esta oración con sinceridad:

Señor Jesús:

Creo que tú eres el Hijo de Dios. Creo que te hiciste hombre y moriste en la cruz por mis pecados. Creo que Dios te levantó de los muertos y te hizo el Salvador del mundo. Confieso que soy un pecador y te pido que me perdones y me limpies de todos mis pecados. Acepto tu perdón y te recibo como mi Señor y Salvador.

Te lo ruego en el nombre de Jesús, amén.

> Si confiesas con tu boca que Jesús es el Señor, y crees en tu corazón que Dios lo levantó de entre los muertos, serás salvo. Porque con el corazón se cree para ser justificado, pero con la boca se confiesa para ser salvo [...] porque «todo el que invoque el nombre del Señor será salvo».
>
> *Romanos 10:9-10, 13*

Si confesamos nuestros pecados, Dios, que es fiel y justo, nos los perdonará y nos limpiará de toda maldad.

1 Juan 1:9

Ahora que aceptaste a Jesús como tu Salvador:

Lee tu Biblia todos los días: Es tu alimento espiritual que te hará un cristiano fuerte.

Ora y habla con Dios cada día: Dios desea que te comuniques con Él y disfrutes tu vida a su lado.

Testifícale de tu fe a otros con denuedo y haz que sepan que Jesús les ama.

Asiste con regularidad a una iglesia local donde se predique a Jesús, donde puedas servirle y tengas compañerismo con otros creyentes.

Permite que el amor de Dios en tu corazón influya en las vidas de otros a través de las buenas obras que hagas en su nombre.

Por favor, deseamos saber la decisión que tomaste. Así que escríbenos a:

Editorial Unilit
1360 North West 88th Avenue
Miami, FL 33172

Otros títulos de la serie
La Biblia en un Minuto:

La Biblia en un minuto para mujeres
La Biblia en un minuto para jóvenes
La Biblia en un minuto para profesionales

Disponibles en tu librería favorita

La Biblia en un minuto para jóvenes

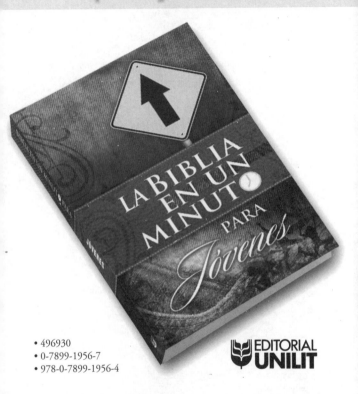

- 496930
- 0-7899-1956-7
- 978-0-7899-1956-4

EDITORIAL UNILIT

Este libro lleno de pasajes bíblicos está diseñado
para ayudar a los adolescentes y jóvenes a
encontrar con rapidez la inspiración y la
sabiduría que necesitan para enfrentar
los retos de cada día.

La Biblia en un minuto para mujeres

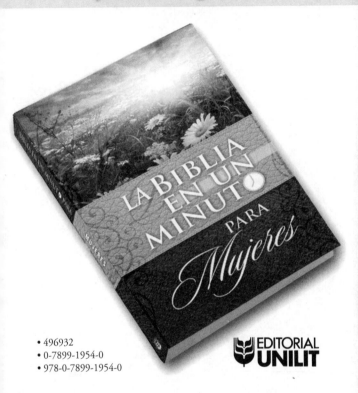

- 496932
- 0-7899-1954-0
- 978-0-7899-1954-0

EDITORIAL UNILIT

Con más de cuatrocientos cincuenta pasajes
bíblicos divididos en diversos temas, este libro
ayudará a las mujeres a encontrar con facilidad
y rapidez la inspiración y la sabiduría necesarias
para enfrentar y superar los retos de la vida diaria.

La Biblia en un minuto para profesionales

- 496929
- 0-7899-1953-2
- 978-0-7899-1953-3

EDITORIAL UNILIT

En este libro, los profesionales encontrarán
pasajes bíblicos por temas y citas inspiradoras
que les ayudarán a encontrar con rapidez la
verdadera sabiduría necesaria para enfrentar y
superar los retos de la vida diaria.

Que Dios lo siga
Bendiciendo con la
sabiduría, que le
de Paz y tranquilidad
en su hogar.
Oh! Dios bendice su camino
El esta entregado a ti, -
Mayor tiempo quisiera entregarle
Imitandote a ti Sr, él es
Otra persona digna de ti

Seguiremos sus
consejos y sus pasos.

A y A   E y E

Notas

Notas

Notas

Notas